일 통찰의 법칙

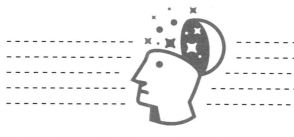

일 통찰의 법칙

The laws of business insight

어떻게 일을 장악할 것인가?

◆ **이동조** 지음 ◆

지유문고

이동조가 제시하는
제4차 산업혁명 시대, 〈일 통찰〉을 위한 20계명

1계명. 목표를 설정하지 말라. 도전하지 말라, 노력하지 말라. 그 전에 먼저 두근두근 사랑할 것을 찾아라.

2계명. 남들이 몰려가는 곳으로 가지 말라. 아무도 가지 않는 곳 으로 가라.

3계명. 매력적인 키워드에서 답을 찾지 말라. 진짜 답은 창조가 일어나는 프로세스 자체에 숨어 있다.

4계명. 보이는 것에 현혹되지 말라. 보이지 않는 곳의 관계를 파 악하라.

5계명. 혼자 가는 쉬운 길을 가지 말고, 함께 가는 어려운 길을 가라.

6계명. 억지로 다른 걸 융합시키려 애쓰지 말고, 서로 다른 것이 저절로 융합될 수 있는 무대를 발견하라.

7계명. 다르다고 차별하지 말라. 그 다른 것과 연결해 보는 것이 창조 씨앗을 싹 틔우는 길이다.

8계명. 두근두근 만남이 운명을 결정한다.

9계명. 어디에서 와서 어디를 거쳐 어디로 가게 될지 예민하게 반응하라.

10계명. '지금까지 모두 그렇게 해왔으니까'라고 생각하는 것들에 엄청난 보물이 숨겨져 있다.

11계명. 일을 알기 전에 자신을 먼저 알라.

12계명. 차이점을 찾아 나누지 말고 공통점을 찾아 합쳐라.

13계명. '양자택일(兩者擇一)'의 순간에 둘 중 하나를 선택하지 말고 한 발 물러서서 양자 모두를 선택할 수 있는 공통분모를 찾아라.

14계명. 세상 사람들이 모두 인정하는 상식과 진리를 의심하고 또 의심하라.

15계명. 긍정하지 말라. 그래야 진정한 진리에 접근할 수 있다.

16계명. 나와 당신, 우리 사이에 높은 장벽이 있다는 사실을 받아들여라.

17계명. 모든 것이 갖추어져 있는 곳을 버리고, 아무것도 없어 모든 것을 처음부터 새롭게 시작해야 하는 곳으로 가라.

18계명. 내 목표를 위해 고독과 허무를 채우며 궁핍하게 살지 말고, 내 삶의 무대를 넓혀 열정과 사랑을 채우며 풍성하게 살아라.

19계명. 나의 좋은 생각을 따라가지 말고 창조가 이루어지는 프로세스 방향을 따라가라.

20계명. 매 순간 감독관점으로 사고하라.

왜 지금 '일 통찰'인가?

'일 통찰'의 솔루션은 3가지다.

첫째, 감독관점을 가져라.
둘째, 창조프로세스로 사고하라.
셋째, 6가지 창조요소로 일을 장악하라.

이 책을 쓴 배경은 한 방송국과 연속 진행한 인터뷰에 있다. 2019년 CJ그룹이 「통찰」을 화두로 제시하면서 나는 CJ방송과 〈비즈니스 통찰(Business Insight)〉에 대한 인터뷰를 진행했다. 제4차 산업혁명 시대에는 어떻게 일을 할까? 우리는 어떻게 창조적인 인재가 될 수 있을 것인가?

지난 20년간 창의성을 연구하고 18년간 기업, 공무원, 대학에서 진행한 강연 메시지를 총 정리한 후 나는 솔루션을 다음과 같이 제시했다.

"일 통찰력을 가지려면 공간통찰 후 공간설계, 시간통찰 후 시간설계, 성공패턴통찰 후 성공패턴설계를 통해 일을 완전하게 장악해야 합니다."

인공지능, 5G, 빅데이터(Big Data), 글로벌 경쟁과 초연결(hyper-connected), 스마트기술……. 눈만 뜨면 신기술, 신용어들이 쏟아져 나온다. 하루하루 어제까지 없던 혁신적인 비즈니스가 만들어지고 있다. 보이는 아날로그 세상에서 보이지 않는 디지털 세상으로 변했고, 똑떨어지고 명확한 입자적 업무에서 불확실하고 확률적인 양자적 관계의 일로 바뀌었다.

이런 새로운 비즈니스 무대에서 기업과 조직을 이끌어 온 전통적인 인재들은 더 이상 설 자리가 없어졌다.

변화에 끌려가는 수동형 인재가 아닌, 변화를 예측하고 스스로 창조해내는 주도적인 인재, 죽어 있는 단편적인 지식에서 답을 찾으려 하지 않고 살아있는 일의 전체 연결과 흐름에서 답을 찾으려는 사람, 눈에 보이는 것에 머물지 않고 보이지 않는 환경과 무대를 읽고 문제를 발견하고 그 문제를 해결해 내는 '일 통찰' 능력을 가진 이들이 필요하다.

일의 '전체 연결과 흐름'은 물론, '환경과 무대'를 감지하는 능력과 주도적인 관점이 필요해졌기에 새로운 인재상의 키워드에 창의적 관점, 창조적 사고, 기술·인문 융합, 초연결, 통찰, 혁신, 문제해결, 소통 등의 능력이 추가되었다.

방향은 정해졌다. 하지만 길은 여전히 안개 속처럼 모호하다. 이런 능력들의 본질이 무엇인지, 어떻게 통찰력을 지닌 인재로 키울 수 있는지, 그 누구도 납득할 만한 정의를 내리지 못하고 있을 뿐만 아니라 명쾌한 솔루션을 제시하지 못하고 있다.

제4차 산업혁명 시대, 어떻게 창의인재를 육성할 것인가? 이 질문에 개인과 조직의 생각은 간극이 넓고 해법은 엇갈린다.

"열심히 일을 배우겠습니다."
"학교에서 배워와야지. 회사는 일을 가르쳐 주는 곳이 아니네."

학교에서 '일 잘하는 법'을 가르쳐 주진 않는다. 그걸 회사도 모르는 바 아니다. 하지만 기업이 새로 온 직원에게 그렇게 말할 수밖에 없는 이유는 뻔하다. 기업 역시 일을 잘하는 법에 대해 정확히 모르고 있기 때문이다.

오랜 세월 기업이나 공무원 조직에서 강연하며 느낀 사실은, 우리 사회 어떤 조직도 일을 잘하는 법에 대한 진지한 통찰이 없다는 것이다.

규모가 있는 기업들의 경우 다양한 사내 교육프로그램을 운영하고 있다. 하지만 교육을 통해 직원들이 얻을 수 있는 것은 고작 단편적인 직무 지식이나 흥미 위주의 친목 활동이 대부분이다.

교육을 통해 더 많은 정보를 알게 되고 동료들과 친해지는 기회는 되지만 혁신과 비전에 도움이 되는 경우는 거의 없다. 한 대기업 사원교육에 참가했던 분이 나에게 이런 말을 털어놓은 적이 있다.

"진짜 일을 잘하는 법을 배울 수 있는 직무교육이 절실하다고 생각해요. 하지만 사내 여러 교육프로그램을 아무리 받아도 지나고 보면 내 것이 되는 게 하나도 없고 남은 게 별로 없어요."

사원측이든, 기업측이든 결국 서로에게 '이미 다 배웠겠지', '잘 가르쳐 주겠지'라고 믿는다. 아니 그렇게 믿고 싶은 것이다.

예측하기 힘든 변화의 경영환경이다. 일의 무대는 순식간에 변한다. 창의적 해결책을 제시하는 창의인재가 필요하다. 지위고하地位高下을 막론하고 강한 개인과 혁신적인 관점을 가진 통찰형 인재가 절실하다.

나는 제4차 산업혁명 시대를 맞아 우리는 어떻게 일에 대한 통찰력을 가진 창의인재가 될 것인가에 대한 인문학적 관점의 통찰과 창조적인 솔루션을 제시하고 싶었다. 그래서 CJ방송과 진행한 「비즈니스 통찰」에 대한 인터뷰 노트와 삼성전자 사내보 칼럼, 다양한 미디어에 소개한 창의칼럼들을 재구성해서 한 권의 책으로 엮기로 마음먹었다.

이 책이 제시하고 있는 '일 통찰'의 철학적 사유와 솔루션의 바탕은 내가 창안한 창조적 사고의 모형인 '창의방정식'에 있음을 밝혀둔다.

창의방정식은 20개 분야 공모전 대상 수상작 수천 편의 아이디어와 창작품들의 창조과정을 추적하고 분석한 후 여기에 자연과학, 물리학, 뇌 과학, 심리학, 세상만사의 창조과정을 탐구한 인문학적 사유를 통합한 가장 심플하면서도 완전한 통찰의 공식이다.

나는 이 창의방정식으로 해석해 낸 '일 통찰' 법칙이 우리 시대 일 잘하기를 원하거나 일 잘하는 법을 가르치려는 개인, 직장인, 기업인, 공무원, 교육자들에게 놀랍고 탁월한 영감을 줄 것이라고 확신하고 있다. 이 책이 모든 현장에서 일어나는 일의 문제에 딱 꼬집어 정답을 제시할 순 없을지라도 분명히 눈앞을 가렸던 안개는 말끔하게 걷어내 줄 것이다.

"20억이 아니라 20조짜리 대특강입니다. 제 삶의 터닝포인트가 된 시간이었습니다."
"저는 오늘 강연 듣고 정말 충격받았어요. 깊은 통찰력에 두근두근했습니다."
"내 마인드가 바뀌었으며, 정말 100억보다 값진 강의여서 좋았습니다."
"엄청난 인사이트(insight)를 주는 강연이었습니다."

강연 후 많은 분들의 감사편지들을 받고 있다. 이 편지들이 20년간 치열하게 탐구해 온 내 창의성 연구와 강연과 집필의 가장 큰 동력이었다. 리뷰, 소감, 편지를 보내 준 모든 팬에게 깊은 감사의 인사를 드린다.

끝으로 이 책의 원고를 꼼꼼하게 읽고 교열작업을 도와 준 딸 서정이에게도 고마움을 기록해 두고 싶다. 또한 멈추지 않고 통찰의 칼럼을 쓰도록 응원해 준 '창의방정식연구회' 동지들과 늘 희망과 비전을 함께 나누는 우리 '1인1책' 가족들에게 깊은 사랑과 감사의 마음을 전한다.

북한산 아래에서
이동조 지음

1장 관점통찰

감독의 눈으로 일을 장악하라!

다시 생각하라. Think again!

맨 처음에 창조된 사람들은 '흉악한 웃음의 마법사', '밤의 마법사', '야만인'이라는 이름으로 불렸다.

그들은 지혜를 부여받았기에, 세상의 모든 것을 알아챌 수 있었다. 이들이 눈을 떠 세상을 둘러보자, 그 즉시 모든 것을 인지하였다.

그러자 창조주께서 입을 여셨다.

"저들은 세상 모든 걸 단숨에 아는구나. 이제 저들을 어찌하면 좋단 말이냐? 저들의 눈길이 가까운 곳에서만 이르게끔 하고, 땅의 얼굴도 조금씩 밖에 보지 못하게 하리라! 저들은 우리 손에서 나온 한갓 피조물이 아니던가? 인간마저 신이 된 데서야 어디 말이 되겠는가?"

_퀴체 마야족의 성서 『포폴 부흐』

태초에 신神이 창조한 인간은 지혜로웠다. 샘이 난 신은 인간을 좀 모자라게 만들고 싶었다. 방법은 간단했다.

"인간들이여, 너희는 지금부터 그저 보이는 것만 보라. 전체를 보지 말고 부분만 보고 판단하라!"

신은 인간을 보이는 것만 보게 했다. 시각적으로는 결과만 보게 했고, 공간적으로는 전체를 보지 못하게 하고 부분만 볼 수 있게 만들었다. 그렇게 지금의 우리 인간이 됐다.

인간은 보이지 않는 흘러간 시간, 오지 않는 시간을 잘 고려하지 않는다. 인간은 공간적으로 일부분만 보지 서로 어떻게 얽혀 있는지 전체를 통찰하지 못한다. 우리는 창조될 때 가지고 있던 지혜와 통찰을 잃었다.

그렇다면 어떻게 우리는 태초에 가지고 창조됐던 지혜와 통찰을 되찾을 수 있을까? 답은 간단하다. 보이지 않는 것을 보려고 노력하고, 부분이 아니라 전체를 보려고 끊임없이 시도하면 된다.

"내 비밀은 이런 거야. 아주 단순해. 그것은 마음으로 봐야만 바르게 볼 수 있다는 거야. 중요한 건 눈으로 보이지 않거든."
_『어린 왕자』, 생텍쥐페리

"보이는 것에 주목할 것이 아니요, 보이지 않는 것에 주목할 것이니, 보이는 것은 잠깐이나, 보이지 않는 것은 영원하기 때문이다." _「고린도후서」 4장 18절

"재능 있는 사람은 아무도 맞힐 수 없는 표적을 맞히지만, 천재는 아무도 볼 수 없는 목표물을 맞힌다."_쇼펜하우어

우리는 다시 신만큼 지혜로워질 수 있을까? 인간의 한계를 받아들이고 지혜로웠던 태초로 다시 돌아가겠다는 마음을 먹으면 된다. 그러나 아직 중요한 문제 하나가 남아 있다. 도대체 '보이지 않는 것'이란 무엇이고, 어디까지가 '전체'인가? 하는 점이다. 우리는 반드시 이 질문의 답을 찾아야 한다. 지금부터 그 답을 찾아 통찰의 여행을 떠나보자.

이곳은 바다다. 돛이 바람을 타고 있다. 돛이 바람을 탈 수 있는 건 돛대가 돛을 꽉 잡아주기 때문이다. 돛대가 돛을 잡아줄 수 있는 건 갑판이 돛대를 잡아주기 때문이요, 그 갑판은 배가 잡아주어 존재할 수 있으며, 그 배는 다시 드넓은 바다가 품고 있으므로 항해할 수 있다.

그럼, 배가 저 드넓은 대양을 항해할 수 있는 건 바람에 맞선 돛이 있기 때문인가? 아니면 그 돛을 지지하는 돛대나 갑판이 있기 때문인가? 그도 아니면 배 혹은 그 배를 품어주는 바다가 존재하기 때문인가?

• 바다 무대 → 배 → 갑판 → 돛대 → 돛

바다와 돛은 관계의 끈으로 연결돼 있다. 돛의 생각이 존재하는 것은 그저 돛의 생각이 아니라 그 배를 품고 있는 바다의 생각이 근원에 있기 때문이다.

여기 다람쥐 한 마리가 쳇바퀴를 열심히 돌리고 있다. 쳇바퀴를 돌리는 건 다람쥐 생각일까? 쳇바퀴의 생각일까?

• 쳇바퀴 모양 무대 → 펼쳐진 길 → 끝없음 → 달리기 → 끝없이 달리는 다람쥐

쳇바퀴의 둥근 형태가 다람쥐의 생각과 행동을 결정한다. 어쩌면 그 무엇의 생각은 그 이전에 그 무엇이 존재할 수 있도록 한 무대의 생각일지도 모른다.

그렇다면 내 생각은 정말 내 생각일까? 그럴 수도 있고, 아닐 수도 있다. 이쯤 되면 혼란스럽다. 생각의 근원을 좀 더 과학적인 측면에서 추적해 보자.

벤쿠버대 심리학과 브루스 알렉산더 교수는 스키너 상자(Skinner box)에서 다음과 같은 쥐 실험을 했다. 실험상자 안에 두 종류의 물이 비치돼 있다. 하나는 그냥 일반 물이고, 다른 하나는 마약 성분인 헤로인(heroin) 혹은 코카인(cocaine)을 넣은 물이다. 실험결과, 물을 마시는 쥐가 있었고, 헤로인 혹은 코카인을 넣은 마약 성분의 물을 마시는 쥐도 있었다. 그 선택은 정말 각각 물을 선택한 쥐의

생각이었을까?

　답은 쥐가 아니라 쥐가 들어가 있던 상자에 있었다. 실험 상자는 두 종류였다. 첫 번째 실험상자는 좁고 열악했다. 엄청난 스트레스를 유발하는 환경으로 상자를 세팅했다. 알렉산더 교수는 이 스키너 상자를 '쥐 감옥'이라고 불렀다. 쥐 감옥에 사는 쥐들은 대부분 마약성 물을 선택했다.

　두 번째 스키너 상자의 환경은 첫 번째 상자와 정반대로 만들었다. 즐거운 놀이기구가 있고 음악도 흘러나왔다. 넉넉하고 자유로운 공간에다 마치 쾌적한 호텔처럼 꾸몄다. 교수는 이 실험 상자를 '쥐 공원'이라고 불렀다. 쥐 공원에서 사는 쥐들은 그냥 물을 마셨다.

　쥐의 생각이 사실은 상자의 생각이었다. '보이지 않는(invisible)' 무대의 환경이 '보이는(visible)' 쥐의 의사결정에 깊은 영향을 미치고 있었던 셈이다. 물론 다른 쥐 실험에서도 비슷한 결과가 나왔다. 놀이시설을 충분히 만들어 놓은 사육장에서 생활하는 쥐들의 경우 평범한 사육장에 사는 쥐들보다 두뇌를 결정하는 시냅스 시냅시스(synapsis)가 2주 만에 최대 16%까지 더 증가했다.

　이 쥐 실험결과들은 인간 세상도 다를 바 없다는 게 밝혀졌다. 베트남 전쟁에 투입되어 마약중독에 빠졌던 군인들을 조사한 적이 있는데, 베트남에서 미국에 복귀한 군인 중 마약을 완전히 끊은 비율이 96%나 됐다. 해석해 보면, 무대 환경을 바꾸니 인간의 선택이 달라졌다는 의미다.

지금 내 머릿속에 떠오르는 생각이 과연 내 생각일까? 지금 내가 판단하고 결정하는 것은 과연 내 의지일까? 아닐 수도 있다. 눈에 보이지 않고 인지하지 못하는 내 발밑의 무대나 환경, 배후에 연결된 보이지 않는 관계가 지금의 내 머릿속의 생각, 지금 확신하고 있는 내 판단이라고 오해하고 있을지도 모른다.

우리는 열심히 일하고 있다. 그러면서 우리는 누구나 필연적으로 일의 무대 위에 올라 서 있다. 만약 지금 실패하고 좌절하고 절망하고 고독하고 괴롭다고 하더라도 성급히 좌절하지 말라. 그 감정이 진짜 당신 마음이 아닐 수 있기 때문이다. 당신 문제가 아닐 수도 있기 때문이다. 당신의 무능 탓이 아닐 수도 있기 때문이다.

보이지 않는 것까지 보고, 부분이 아니라 전체를 볼 수 있는 지혜를 되찾아 세상에 대한 통찰을 얻어 우리는 원점에서 다시 판단해야 한다. 지금 내 머릿속에 떠오르는 그 판단을 거부하라.

그리고 다시 생각하라. Think again!

> **기억하세요! 신의 지혜란?**
> * 보이는 부분으로 판단하기 (X)
> * 보이지 않는 전체를 보고 판단하기 (O)

그대, 창조적인 관점을 얻어라!

1973년 어느 아침 세지마 류조는 중동中東의 정상들이 분주히 만나고 있다는 신문 단신을 읽고 있었다. 그리고는 이렇게 중얼거렸다.

"음, 중동의 정세가 정말 심상찮은데?"

그동안 중동 소식들을 꼼꼼하게 스크랩해 왔다. 중동에서 벌어지는 여러 상황을 분석해 본 후 그는 회사에 올릴 보고서를 최종 검토했다. 중동에 전쟁이 일어날 것으로 예측되니, 미리 석유를 충분히 비축해 두어야 한다는 내용이었다.

류조는 단순히 드러나는 뉴스보도나 자신의 업무에만 매몰되는 걸 거부했다. 신문에 나온 기사는 누구에게나 그저 보이는 결과값일 뿐이었다. 이미 끝난 결과로 기사를 읽는 순간, 생각은 거기에 멈춘다. 더는 창의하거나 예측하지 않는다.

그러나 그는 달랐다. 사건이 종결된 다양한 결과값들을 자신의 회사 비즈니스 무대 위에 모두 올려놓고 중요한 시작요소로 들여다보았다. 석유, 중동, 미국, 중동지역 종교기념일 등 몇 가지 중요한 핵심요소들을 서로 연결하고 조합하다 보니 문득 자신만의 특별한 시나리오가 완성됐다. 그의 머릿속에는 다음과 같이 연결고리가 이어졌다.

- 미국과 중동국가들의 불안정한 이합집산 → 냉전적 대결 구도 → 정상들의 분주한 물밑 접촉 → 종교기념일을 기해 중동전쟁 가능성 → 유가油價 급상승

그는 보고서에 '종교기념일에 중동전쟁이 터질 가능성이 매우 크다'는 결론을 내리며 논리적인 근거들을 제시했다. 회사는 그의 건의를 받아들여 사전에 원유를 충분히 비축해 두었다. 얼마 후 실제로 중동전쟁이 터졌다. 석유값은 폭등했고 회사는 수조 원에 이르는 엄청난 이익을 얻었다.

세지마 류조는 1973년 오일쇼크(oil shock)를 정확하게 예측해 낸 인물이다. 당시 그는 비결을 묻는 언론에 "중동 관련 기사는 1단짜리 단신과 동정도 소홀히 하지 않고 유심히 읽어나가며 사건의 흐름을 추적했다"며 "중동국가 정상들의 움직임, 미국의 중동정책, 석유라는 요소를 종합적으로 연결하여 고려하다 보니 그 요소들이 하나로 맞아떨어지는 지점에서 중동지역 전쟁이 발발할 것이란 예측을 할 수 있었다"고 고백했다.

에셋플러스자산운용(주) 강방천 회장은 증권회사에 입사한 후 주식투자에 천부적인 능력을 보이며 자수성가한 인물이다. 그는 자신이 세운 회사의 이야기 소책자에 평사원 시절 몇 가지 주식투자 성공사례를 소개한 적이 있다. 그중 하나를 소개하면 다음과 같다.

그는 우연히 신문을 읽다가 보험협회와 경찰청이 진행하는 '음주운전 예방캠페인' 공익광고를 발견했다. 말 그대로 결과인 광고가 신문에 게재된 것뿐이었다. 그러나 그가 이 광고를 본 순간 자신이 발 딛고 있는 주식이라는 무대에 여러 요소가 퍼즐처럼 연결되면서 어떤 '흐름'을 읽어냈다.

"음, 음주운전 예방캠페인을 경찰이 대대적으로 벌이게 되면 당연히 교통사고가 줄어들게 되겠지? 만약 교통사고가 줄어들면 가장 이익을 볼 곳은 어디일까? 당연히 보험사들일 거야."

그는 결과정보를 확인하는데 머물지 않고 자신의 무대 위에 이미 끝난 그 결과정보를 가져와 새로운 사건으로 재설계했다.

• 교통사고 예방캠페인 지속 → 교통사고가 줄어듦 → 보험금 지급 줄어듦 → 보험사의 재정 건전성 강화 → 보험사 주가 상승 요인

머릿속에 이런 연결고리가 만들어지자, 그는 즉시 주요 보험사들의 주식을 매입했다. 그의 예측은 정확히 맞아떨어졌다. 얼마 후 재정 건전성이 높아진 보험사들의 주가가 뛰기 시작했고, 4개월만에 그는 모든 보험사 투자처에서 두 배 이상의 수익을 올렸다.

박노진 씨는 1997년부터 2008년까지 12년 연속 판매량 1위를 차지한 자동차 외판계의 전설적인 인물이다. 그도 처음엔 다른 보통의 초보 영업사원들처럼 실적이 형편없었다. 청계천 1가에서 9

가까지 매일 300장의 홍보 전단을 온종일 돌렸다. 그러나 상담전화 한 통 없는 날이 대부분이었다. 외판을 위해 닥치는 대로 가게 문을 두드렸지만 문전박대당하기 일쑤였다. 하루하루 실적 없이 보낸 뒤에 어김없이 찾아오는 좌절감에 치를 떨었다. 2달간 차 한 대 팔지 못하자 주변 사람들은 영업할 스타일이 아니라며 다른 일자리를 찾아보라고 권했다.

그러던 어느 날, 박 씨는 수해로 농민들이 시름에 잠겼고 채소값이 급등했다는 신문기사를 읽고 있었다. '채소값 급등' 소식은 결과에 불과했지만, 이 순간만큼은 그에겐 단순한 기사로 느껴지지 않았다. 왜냐하면, 그 순간 '요즘 경기가 좋지 않아서 차를 사려는 사람이 없다'는 인근 상인의 말이 떠올랐기 때문이다.

"경기가 좋지 않은 곳이 있다면 경기가 좋은 곳도 있을 거 아냐? 채소값이 급등했다면 이로 인해 경기가 좋아진 곳은 어디지?"

그렇게 발상의 전환을 해 보니, 그는 다음과 같은 생각이 떠올랐다.

- 채소값 급등 → 농민들 시름 → 경기가 나쁜 곳이 있으면 좋은 곳도 있다! → 경기가 좋은 곳 찾기 → 자동차를 살 수 있는 사람들이 생김 → 자동차 외판

그는 '채소값 급등에 농민들 시름'이란 기사에서 경기가 좋은 곳을 생각하게 됐고, 그곳은 바로 '청과물 도매업'일 것이란 판단을

했다. 그는 청과물 도매시장으로 달려갔다. 오전 내내 상인들을 대상으로 트럭 외판 전단을 돌렸다. 오후에 문의전화가 왔고, 그날 단숨에 트럭 3대를 팔아치웠다.

박노진 씨는 '수해 → 채소값 급증 → 농부 시름'이라는 결과 중심의 사고를 거부했다. 대신 자신의 자동차 세일즈무대 위에 '수해 → 채소값 급증 → 채소 도매업자 무대 호황 → 자동차 구매력 상승 → 타깃 외판 → 자동차 판매'라는 자신만의 새로운 시나리오를 창조해냈다.

그는 이렇게 자신의 비즈니스 무대를 스스로 설계하고 흐름을 연결하여 통찰하는 순간부터 '외판의 달인'이 됐다. 박노진 씨는 자신의 영업 철학에 대해 다음과 같이 밝혔다.

"흐름을 잘 살펴 관리한다."

세지마 류조, 강방천, 박노진의 흥미로운 공통점이 있다. 그것은 그들 모두 평범한 사원으로 회사에 입사했다가 나중에 이사나 회장까지 오른 인물이라는 점이다. 이것이 우연일까? 나는 그렇지 않다고 생각한다. 그들은 모두 드러난 결과에 머물지 않고 그것을 자기 무대로 가져와 서로 연결하고 스스로 설계하여 미래를 예측했다는 또 다른 공통점이 있었기 때문이다.

선장의 관점을 가진 사람이 선장이다

경비대장 : 아직 배에 갇혀 있는 사람들이 많으니 당신은 구명보트
　　를 돌려 다시 배로 돌아가시오. 거기 줄사다리가 있으니, 사다리
　　를 타고 올라가 배에 다시 오르시오. 배에 다시 올라가 아직 배에
　　남은 사람이 몇 명인지 나에게 보고해 주시오. 알아들었소?

선장 : 대장, 제발!

경비대장 : 아니, 당신이야말로 제발 배에 오르시오. 그리고 다시
　　배에 올랐는지 나에게 보고하시오.

선장 : 전 지금 구명보트와 함께 있습니다. 어디 가지 않았어요. 여
　　기 있었다고요. 전 지금 여기서 구호 활동을 지휘하고 있습니다.

경비대장 : 거기서 뭐 하고 있소? 다시 돌아가 배에 올라가서 배 위
　　에서 구호 활동을 지휘하시오. 거부하는 거요? 왜 못 가는지에
　　대해 이유를 말 하시오.

선장 : 갈 겁니다. 하지만 다른 구명보트들이…….

경비대장 : 즉시 배에 오르라고. 이건 명령이야. 지금부터 당신에겐 권한이 없다. 당신이 배를 포기했으니까 이제 내가 책임자다. 배에 올라가! 알아들었어?

상황은 매우 급하게 돌아갔다. 지난 2012년 1월 13일 밤 9시 45분, 치비타베키아 항구를 출발하여서 승객과 선원을 합쳐 총 4,229명을 태우고 항해하던 이탈리아 호화 여객선 코스타 콩코르디아 호(11만 4147톤급)가 암초와 충돌했다. 선체가 무려 70~100m나 찢길 정도로 대형사고였다. 배 왼쪽에 구멍이 뚫리고 물이 들어차자 선체가 서서히 기울기 시작했다.

사고가 나자 콩코르디아 호는 선내 방송을 통해 "정전이 되어 상황을 통제하고 있다"며 승객들에게 "객실로 돌아가 기다리라"고 안내했다. 이때 이 배의 선장 프란체스코 스케티노와 부선장 등은 이미 배와 승객을 버리고 구명보트에 올라 도망치고 있었다.

한 승객의 어머니가 배에 있던 자식과 전화를 하다 배의 상황을 알게 된 후 급히 인근 리보르노 해안경비대에 사고사실을 신고했다. 10시 39분, 경비정 G104호가 현장에 도착했다. 선원들은 우왕좌왕했고 승객들도 겁에 질려 있었다. 밤 12시 42분. 그레고리오 데 팔코 해안경비대장과 도주하는 선장 프란체스코 스케티노와 전화가 연결됐다. 대화는 계속됐다.

선장 : 경비대장님, 저도 배 위로 올라가고 싶어요, 그런데 지금 여

기 다른 구명보트와 다른 구조자들이…….

경비대장 : 그 소리를 벌써 한 시간째 하고 있잖아. 지금 당장 배로 돌아가. 그리고 당장 배의 상황에 대해 나한테 보고하라고. 배 안에 몇 명이나 남아있는지.

선장 : 알겠습니다. 대장, 지금…….

경비대장 : 입 닥치고 빨리 가!

선장 스케티노는 끝내 배로 돌아가지 않았다. 리보르노 해안경비대는 배에 남아 있는 사람들과 계속 연락하며 해군 부대, 다른 정부 부처와 민간 부대의 도움을 받아 구조 작전을 지휘했다. 다음날 아침 6시 17분. 밤을 새워 전방위 구조 작전을 펼친 끝에 승객 4천229명 가운데 4천197명을 구해냈다.

선장과 부선장이 도망친 최악의 상황에서 불행 중 다행으로 사망자는 32명에 그쳤다. 해안경비대가 직접 구조한 인원만 1천270명에 달했다. 지금까지 이야기는 코스타 콘코르디아(Costa Concordia) 호 침몰 사건 한가운데 있었던 두 사람의 실제 통화기록이다.

선장 프란체스코 스케티노를 포함한 일부 선원들은 승객들을 배에 남겨둔 채 승객들과 배를 포기한 후 먼저 대피하려고 시도하다가 이탈리아 경찰에 체포되었고, 결국 선장은 16년 형을 선고받았다.

경비대장 데 팔코는 "국민적 영웅이 됐다"는 기자들의 말에 다음과 같이 소감을 밝혔다.

"나는 결코 영웅이 아닙니다. 사람들을 구하는 게 내 일이고 그래서 고함을 질렀을 뿐입니다."

우리 살면서 매 순간 의사결정을 해야 한다. 그때 우리는 어떤 포지션에 서서 세상을 바라볼 것인지에 따라 의사결정의 방향이 달라진다. 명함에 찍혀 있는 직위가 역할을 결정하는 것은 아니다.

셰티노 선장은 어려운 상황에 직면하자 리더 역할을 포기했고, 데 팔코 대장은 극한 위기의 상황에서 스스로한테 리더 의무와 선장의 책임감을 부여했다. 평범한 승객이라도 위기의 순간에 다른 승객들을 구하고 문제를 적극적으로 해결해 나가면 그는 즉시 선장의 지위를 얻는 것이다.

우리는 승객의 포지션에 설 것인가? 아니면 선장의 포지션에 설 것인가? 그 순간적 선택에 따라 '나의 포지션'이 결정된다. 나는 일을 할 때 어떤 포지션에 설 것인가?

┌─ 기억하세요! 관점에 대한 통찰
│ * 나는 승객이다. (X)
│ * 나는 승객이면서 동시에 선장일 수도 있다. (O)
└

일의 전체 무대를 장악하라!

연극무대를 세팅하는 사람은 그곳에서 무슨 일이 펼쳐질지 너무나 잘 안다. 축구장을 만드는 이도 그곳에서 무슨 일이 일어날지 알고 있다.

어떤 곳에서 무슨 일이 일어날지 가장 잘 아는 사람은 그 '판(plate)'을 직접 설계한 사람이다. 당연히 판을 설계하는 사람은 그 판 위에 벌어질 일을 장악하고 통제할 수 있기 때문이다.

벼룩시장과 백화점에서 판매하는 물건은 다르다. 벼룩시장 무대는 값싼 중고품을 불러들이고 백화점 무대는 고가 신상품을 불러들일 것이다.

시내 한복판이라면 맛집을 찾는 게 최대 고민이겠지만, 무인도라면 먹을 것이 하나라도 있는지부터 확인해야 한다. 역시 무대가 결정한다. 노래방 무대에 올라갔다면 신나는 18번 한 곡조 뽑아야 제맛이고, 장례식장 무대라면 곡소리 구슬프게 내줘야 예의다.

눈에 잘 보이는 판도 있지만, 눈에 잘 안 보이는 판도 있다. 선풍기 날개는 전기 무대에 접속해야 돌아간다. 스마트폰은 제아무리 신형이라도 배터리가 충전돼 있지 않으면 쓸모없으며, 1억짜리 자동차라도 기름이 없으면 전시나 할 수 있을 뿐 가치 제로다.

일한다는 건 무엇일까? 목표를 정해 계획을 세우고 실천하여 결과를 얻는 것일까? 천만의 말씀! 일한다는 건 가장 앞서 끈끈이 무대를 세팅하는 것이다. 판을 설계하는 것이며, 무대를 세팅하는 것부터가 진정한 일의 시작이다. 그러나 우리는 대부분 무대 세팅이 가장 중요하다는 사실을 간과한다. 일머리는 우리 눈에 잘 안 보이기 때문이다.

　무딘 칼로 뭔가 하려면 이내 방해꾼이 나타난다. 점점 힘만 들 뿐 속도가 나지 않는다. 먼저 칼을 날카롭게 갈아놓아야 한다는 게 판을 설계하는 것이다.

　물레방아가 있다고 실제 곡식을 찧을 수 있다고 착각해선 안 된다. 비가 오고 물이 흘러야 물레방아가 돌고 비로소 방아가 곡식을 찧기 시작한다. 비 내리는 게 진짜 일의 시작이니 저기압에 반응하여 잠자리나 제비가 낮게 날면 물레방앗간으로 달려가 쌀 찧을 준비를 해야 한다.

　오늘 맞선자리에 갔다면 한 달 전부터 중매쟁이가 이쪽저쪽 뛰며 남녀 신상정보를 사전에 서로 교환해 놓은 것이다. 누울 자리를 보고 발을 뻗으랬다고, 발을 무작정 뻗는 게 일이 아니고 먼저 누울 자리를 찾는 게 일의 시작이다. 일머리를 알아야 한다는 게 무대통찰이다. 일의 시작에서 끝까지 전모를 봐야 진짜 일을 장악할 수 있기 때문이다.

　주전자에 물을 계속 끓여 수증기를 만드는 게 일의 전체일까? 그게 일의 전체라면 일은 하면 할수록 마냥 좋은 거잖아. 그러나 그렇지 않다. 우리도 365일 쉬지 않고 잠도 안 자고 계속 일하면 그게 좋을 리 없다. 뒤통수를 치는 끈적끈적한 무대가 배후에 숨어 있다가 느닷없이 나타난다. 앞에서 뭔가를 열심히 성취하면 뒤에는 반드시 뭔가가 소모된다. 쉬지 않고 계속 일하면 몸이 망가지는 건 필연적이다.

끓는 주전자를 생각해 보자. 주전자나 주전자에서 나오는 수증기는 도시가스 배관과 보이지 않게 연결돼 있다. 연결고리가 반드시 있다. 그러니 함부로 계속 물을 끓이고 또 끓이지 말아야 한다. 계속 끓이다 보면 가스요금 폭탄이 터지는 수가 있다. 무슨 말인가? 물을 계속 끓인다는 말은 이 지구에 존재하는 가스를 계속 소비한다는 말과 같은 의미다. 모든 일에는 숨은 배후세력이 있다.

일의 전체란 그 숨은 배후세력을 알아채는 것이다. 배후세력을 통찰하기 위해서는 생각을 바꾸어야 한다. 가스 소비와 내 호주머니 가스 사용료와 물 끓이기라는 일의 전체 흐름을 장악하고 통제해야 가장 창조적인 판단을 내릴 수 있다.

지금 당장 일이 잘 풀린다고 너무 좋아하지 마라. 지금 내가 잘 나간다고 너무 기뻐할 일이 아니다. 당장 성공이 내일의 실패를 약속하는 일일 수 있고, 작은 성공이 큰 성공을 방해하는 요인이 될 수도 있으니까.

일이란 단순한 스킬(Skill)이 아니다. 일이란 무대가 결과를 장악하는 과정에서 다양한 요소들이 하나로 연결되는 '프로세스

(Process)'다.

- 무대 성격 → 상황판단 → 의사결정 → 행동 → 일의 결과

세상만사 모든 일은 이 연결고리 프로세스를 절대 벗어날 수 없다. 그러니 무대가 일의 출발점이요, 전제조건이요, 배후세력이며, 그래서 예측의 단초端初다.

당연히 이 연결고리 프로세스를 잘 통찰하는 사람일수록 미래를 내다볼 수 있는 안목이 높아진다. 결국 일을 잘한다는 건 단순히 주어진 '업무'를 잘한다는 의미가 아니라 판 전체를 읽는 통찰력이 있느냐 하는 문제다.

인간은 각자 자신의 다양한 무대 위에 올라 서 있는 결과값이다. 그 무대 상황이 당신을 장악하고 당신의 많은 부분을 결정하고 있다. 당신의 생각과 결정은 사실 당신의 발밑의 무대가 결정하는 것일 수도 있다. 나는 무대의 통제를 받는 배우인가? 배우와 상황을 통제하는 무대 세터인가?

지금부터 내가 '무대 세터'라고 생각해 보자. 지금부터 우리는 판 설계자다. 이렇게 생각을 바꿔먹는 순간, 우리는 판을 통째로 바꿀 수 있는 자신감이 생긴다.

축구장은 콘서트장으로 바꿔버리고 무인도는 힐링명소인 거제 외도 섬으로 바꿔버리지 뭐. 이왕 내친김에 내 집에서 놀고 있는

자가용은 자율주행 택시로 영업시켜 버리고, 공모전 정보제공서비스 사이트를 창조적 사고력을 키워주는 '창의인재 양성아카데미 기업'으로 판 자체를 아예 바꿔버릴까?

무대를 설계하는 사람이 되는 순간, 우리는 그 무대 위에 벌어질 일을 완전하게 장악할 수 있다.

> **기억하세요! 일과 사람의 관계**
> * 보이는 업무에만 관심 : 일에 장악당하는 사람 (X)
> * 일의 연결고리 프로세스 통찰 : 일을 장악하는 사람 (O)

일에 운이 어디 있어?

"자신보다 더 훌륭한 화가들보다 내가 더 유명해질 수 있었던 이유는 몇 년 전 어느 파티에서 만난 한 남자와 술을 몇 잔 마실 기회가 있었기 때문입니다. 우리 둘은 서로 마음이 통했고 친구가 되었죠. 그 남자는 화상畵商으로 크게 성공했고 최선을 다해 내 작품을 밀어주었습니다. 어느 저명한 수집가가 내 작품을 사들이기 시작하자 비평가들의 주목을 받게 되었고 대형 박물관에서 내 작품 하나를 영구 소장품에 포함시켰습니다. 일단 내가 세상에 알려지자 현장에서 내 창의성을 발견한 것입니다.”

세계적인 창의성의 대가 미하이 칙센트미하이(Mihaly Csikszent-mihalyi) 클레어몬트 대학원 교수는 『창의성의 즐거움』(북로드)에서 어느 성공한 화가에게 들은 이야기를 이렇게 소개했다.

그 화가는 우연한 만남으로 자신의 운명을 바꾸었다. 칙센트미하이 교수는 이에 대해 “우리가 종종 개인을 과대평가하고 있는 것과는 달리, 실제로 창의성에 기여하는 개인의 힘은 빈약하다”고 밝혔다.

미하이 교수는 학문적 운에 대해서도 “수학의 천재성은 이십 대에, 물리학의 천재성은 삼십 대에 절정에 이르지만, 위대한 철학은 대개 생의 후반에 성취된다”고 설명했다. 그는 이 차이를 학문 영역들의 구조적인 차이라고 정리했다. 쉽게 설명해 보면, 수학의 상징체계는 비교적 견고하게 짜여 있다. 수학의 체계는 엄격한 내부 논리를 적용하고 명확성을 극대화하며, 오차를 용납하지 않는다.

따라서 젊은이라 해도 수학의 규칙만 신속하게 이해한다면 어느 연령대라도 단숨에 창의적인 두각을 나타낼 수 있다. 같은 구조적인 이유에서 어떤 새로운 이론이 제기되면 - 1994년 비교적 젊은 수학자가 오랜 세월 풀 수 없었던 ‘페르마의 마지막 정리’를 증명한 것처럼 - 그것은 즉시 주목을 받고, 적절하다고 판단되면 현장에서 신속하게 인정을 받을 수 있게 된다.

반면, 사회과학자나 철학자의 영역은 수학이나 물리학 분야와는 다르다. 이 분야의 기존 지식을 총체적으로 습득하기 위해서는 수십 년의 세월이 걸린다. 이런 시간적이고 물리적인 어려움을 딛고 비교적 젊은 나이에 새로운 사상이나 사회이론을 발표한다고 해도 현장에서 그 이론이 인정받을 때까지는 다시 오랜 세월이 지나야 한다. 학문 카테고리 무대가 성패의 운을 장악하고 있다는 의미다.

결국, 수학적 천재성은 이십 대에 발휘되기 쉽고, 물리학적 천재성은 삼십 대에 발휘되는 경향이 강하지만, 철학적이거나 사회적 분야의 천재성은 대개 생의 후반기에 성취된다. 이것은 개인적으로는 '운運'이기도 하지만, 영역(area)의 프로세스로 보면 '필연'적이기도 하다.

그렇다면 일이란 우연偶然일까, 필연必然일까? 매 순간 이루어지는 우연적 만남과 의사결정은 분명 상당 부분 운이 작용한다. 공간적 만남에선 확률적으로 서로 다른 걸 끌어당기는 것이다. 그러나 시간의 전개 과정으로 보면 무대나 영역 위에 연결과 만남이 어떤 결과를 낳는 필연으로 작동한다. 공간이라는 운과 시간이라는 필연이 만나 이 세상은 창조가 이루어지는 셈이다.

어쩌면 우연과 필연은 동전의 양면과 같다. 창조에는 앞면과 뒷면이 동시에 필요하다. 어떤 관점으로 세상을 볼 것인가에 따라 동전의 앞면을 선택할 수도 있고 뒷면을 결정할 수도 있다. '나' 중심으로 보면 세상만사 온통 우연이다. 그러나 내 판단에서 벗어나 '일이 작동되는 있는 그대로의 프로세스'로 보면 결코 운이란 없다.

필연을 따른다. 세상은 모두 고리에 고리로 연결돼 창조가 일어난다는 공통적인 패턴이 있기 때문이다.

일이란 '공간의 우연성 → 시간의 필연성'으로 이어지는 프로세스다. 필연이 전체를 보는 관점이라면, 운은 부분을 보는 관점이다. 필연이 고수들의 사고법이라면 운은 하수들의 사고법이다. 그래서 세상을 단순히 '운'이나 '우연'으로 작동한다고 믿는 사람들보다 '필연적인 프로세스'라고 믿는 사람들이 일을 잘할 확률이 높다. 필연의 프로세스를 파악하는 사람들이 일을 완전히 장악하고 통제할 수 있기 때문이다.

기억하세요! 필연의 통찰
* 하수 관점 : 우연의 결과 (X)
* 고수 관점 : 가능성의 무대(확률적 만남) → 필연의 결과 (O)

감독의 관점으로 사고하라

일을 잘하기 위해서는 우리가 하는 일의 '전체 프로세스'를 알고 있어야 한다. 일은 다양한 요소들이 서로 관계를 맺고 연결되어 작동하는 하나의 살아있는 생명체다. 일의 안팎이 연결되는 전체 맥락을 통찰해야 지금 내가 하는 일의 목표나 업무를 이전보다 훨씬 더 잘 수행할 수 있다.

그런데 우리는 일을 살아있는 하나의 생명체로 보고 있을까? 현실은 그렇지 않다. 오히려 산 것도 죽여서 본다. 무슨 말이냐 하면, 인간은 일을 업무별로 하나하나 분해한 후 파편적인 지식으로 만들고 싶어 한다. 리더십이니, 팔로십이니, 커뮤니케이션이니, 마케팅이니, 팀워크니, 동기부여니, 사내갈등 해소니, 고객서비스니 하면서 하나하나 쪼갠다. 그렇게 하는 이유는 간단하다. 그래야 우리 뇌가 쉽다고 느끼기 때문이다.

그러나 그렇게 쪼개진 개별 지식은 실무현장에선 '무용지물無用之物'이기 십상이다. 배우기 쉽게 죽여서 쪼갰더니 살아 있는 현장에서 적용하기에는 어려워지는 역설에 빠지는 것이다.

마치 코끼리 다리가 코끼리는 아닌 이유와 같다. 눈을 감고 다리를 만지면 코끼리도 벽이 된다. 야구공의 실밥이 야구공은 아니며 시멘트가 곧 아파트라고는 할 수 없다. 그렇지만 우리는 다리나 긴

코를 쉽게 학습하며 코끼리의 전모를 파악하려 하고, 실밥이나 둥근 모양만 요리조리 분석해 야구공을 이해하려 한다.

아프리카 초원에서 소리 지르며 우리에게 펄떡펄떡 뛰며 달려드는 코끼리를 볼 때 진정한 코끼리의 진면목眞面目을 이해할 수 있으며, 투수는 글로브에서 손끝의 온 감각을 날카롭게 벼려 '와인드업(windup)'하는 순간 야구공 전체를 완전하게 장악할 수 있다. 일이 벌어지는 현장과 전체 진행 과정에서야 문제가 드러나고 해결책이 나오며 혁신적인 영감이 떠오른다.

일이란 무수한 요소들이 연결된 살아있는 유기체다. 현장에서 일은 결코 우리 앞에 낱개로 쪼개져 하나씩 하나씩 친절하게 오지 않는다.

일은 쪼갤수록 단순한 업무를 수행하는 방향으로 간다. 반면 하나로 통합할수록 리더의 통찰이 필요한 방향으로 간다.

직장인의 관점으로 보면 하나하나 낱개로 쪼개진 업무만 잘하면 된다. 그러나 리더의 관점으로 보면 쪼개진 모든 것이 서로 연결돼 있어야 한다. 그 연결고리와 프로세스를 통째로 보는 순간 더 많은 문제 발견과 더 깊은 책임감이 생긴다.

시장의 흐름과 경쟁자의 동향, 우리 앞에 닥친 문제, 우리에게 주어진 시간, 문제를 해결해야 할 비용, 다양한 제약조건, 결과의 예측 등 숱한 보이지 않는 많은 것들은 '리더의 관점'을 선택했을 때에만 비로소 보이기 시작한다.

리더의 관점이란 부모의 관점이요, 건축가의 관점이요, 요리사의 관점이요, 지휘자의 관점이요, 저자의 관점이요, 신의 관점이다. 이들의 관점은 모두 뭔가를 새롭게 만들려는 것으로 향해 있다. 요리사는 맛있는 음식을 만들고, 저자는 감동이나 영감을 주는 책을 창조하고, 건축가는 아름답고 멋진 집을 짓는다.

내가 무엇을 창조하는 사람이 되겠다면 가장 먼저 관점을 바꾸어야 한다. 무대를 세팅하고 공간과 시간을 연출하는 감독의 관점이 필요하다.

배우에게는 낱개의 배역이 주어진다. 자기 대본을 받아들였다면 무대 위에선 숙명이다. 그 배역을 성실히 잘 수행해야 할 의무가 생겼다. 거역할 수 없다.

그러나 인간은 배우이면서 동시에 무대를 세팅하는 감독이 될 수도 있다. 배우가 될 것인가? 아니면 배우이면서도 동시에 감독이 될 것인가?

우리는 우리 안에 들어 있는 배우관점과 감독관점 중 하나를 마음대로 선택할 수 있다. 그런데도 대부분 사람은 그저 배우관점을 선택한 후 배역에 충실하다.

지금 당장 이 책을 잠시 덮고 자신에게 진지하게 질문을 던져보라.

"초중고, 대학에서 누구의 관점을 가지도록 교육받아 왔는가?"

"나는 살면서 배우관점으로 살아왔는가, 아니면 감독관점으로 살아왔는가?"

'일 통찰'과 '창조적 삶'의 시작은 거대한 벽을 넘고 천장을 뚫는 일이다. 벽을 넘고 천장을 뚫겠다면 반드시 이 질문에서 출발해야 한다.

"앞으로 나는 배우관점으로 살아갈 것인가, 감독관점으로 살아 갈 것인가?"

'일 통찰'을 얻고 싶다면, 새로운 것을 창조하는 사람이 되고 싶 다면, 당신은 지금부터 '배우관점'을 버리고 '감독관점'으로 바꾸어 야 한다.

기억하세요! 창조적 인재의 관점

* 배우관점 선택 (X)
* 선先 감독의 관점 → 후後 배우의 관점 (O)

감독관점을 얻기 위한 5가지 물리법칙

통찰이란 무엇인가? 사물을 예리한 관찰력으로 꿰뚫어 보는 게 아니라 이것과 저것 '사이', 어떤 것의 '밖'을 꿰뚫어 보는 것이다. 우리 비즈니스 또는 내 일에 매몰되지 않고 우리 비즈니스와 다른 비즈니스, 또는 이 일과 저 일, 내 직무와 다른 사람의 직무 사이, 일 안팎의 관계를 통째로 보는 관점을 가져야 한다. 그 연결고리를 볼 수 있는 위치가 바로 감독관점이다.

  일에서 감독관점이란 우리 일이 어떤 무대 위에 어떤 공간설계와 어떤 시간설계로 작동하고 있는지 통찰하고, 앞으로 어떻게 무대를 확장하고, 무엇과 서로 연결할 수 있는지 전부를 파악하는 포지션에 서는 것이다. 감독관점을 갖기 위해서는 다음에 소개하는 5가지 통찰의 도구가 필요하다.

❶ 창조프로세스(Creation's Process) 사고

흔히 창의성이라고 말하는 '다르게 생각하기, 뒤집어 보기, 고정관념에서 벗어나기, 상상력, 열정, 몰입, 통찰력' 등의 개념만으로 우리는 집을 지을 수 있을까? 불가능하다. 집을 지으려면 집이 창조되는 처음과 과정과 끝의 전체 프로세스를 알고 있어야 한다. 집을 창조할 때 주변 환경이나 도로와의 조화가 가장 중요하고, 대지를

얻어 지반을 다지고 지을 집의 구조적 설계도를 그려야 한다. 재료와 인부를 조합하여 집의 뼈대를 세우고 제반 시설을 갖춘 후 최종 실내장식을 거쳐 집을 완성하는 전체 프로세스 관점을 갖지 못하면 누구라도 결단코 집을 창조할 수 없다.

일을 통찰하고 싶다면 지금부터 '보이는 집'의 관점을 버리고, 이전에 없던 집이 창조되는 절차, 즉 '집을 짓는 프로세스' 관점을 가져야 한다. 그냥 집을 집으로 바라보는 생각을 버리고 '집을 짓는 창조프로세스' 관점으로 생각해 보는 순간, 우린 이전보다 훨씬 더 창조적인 사고를 할 수 있다. 통찰력이란 '새로운 것이 창조되는 프로세스를 발견하고 이를 적용하는 힘'이다.

❷ 양자역학(Quantum Mechanics)

'창조프로세스(Creation's process)'는 반드시 물리법칙에 따라 작동한다. 하나의 공이 하나의 구멍을 통과한다는 사실은 너무나 당연하다.

그러나 세상은 그렇게 간단하지 않다. 하나의 공을 던졌는데 두 개 구멍으로 통과했다면? 물리 세계에선 실제로 이런 일이 벌어지고 있다. '입자'(Particle, 粒子)는 동시에 '파동'(wave, 波動)의 성질을 가지고 있으며 하나의 전자가 동시에 두 개, 아니 수십 개의 구멍을 지날 수 있기 때문이다.

이처럼 확률성, 잠재성, 중첩성을 동시에 갖는 상태에서 누군가 관측을 하는 순간 중첩상태는 깨어지고 입자 상태가 된다는 게 우리가 많이 듣고 있는 '양자역학(Quantum Mechanics)'의 기본 개념이다.

양자역학의 예를 우리 일상에서도 얼마든지 발견할 수 있다. 예를 들어보자. 여기 한 남자가 있다. 남자는 입자값이다. 그런데 그 남자는 총각이다. 결혼이라는 무대에서는 총각은 두근두근 파동값이 된다. 남자이면서 동시에 총각이기도 한 파동값인 총각은 다른 파동값인 처녀와 관계를 맺어 세상에 없던 부부가 창조된다. 이 순간 남편은 다시 입자값이 된다. 그런데 가족이라는 무대에선 남편은 동시에 잠재적 부모라는 파동값이 된다. 부모는 자식을 만나 아빠가 창조된다.

씨앗 역시 마찬가지다. 추수한 열매는 입자다. 그걸로 끝이다. 그러나 그 열매는 동시에 봄이라는 무대에서 씨앗이 될 수 있다. 열매이자 씨앗인 파동값이 된다. 씨앗은 다시 태양이나 물과 관계를 맺어 수많은 열매를 창조한다.

양자역학은 일에도 그대로 적용할 수 있다. 일이란 확률적 상황으로 잠재돼 있다가 어떤 관계를 거쳐 창조로 이어지는 필연적 프로세스이다. 지금 현재 이 일은 이 일이 아닐 수 있고, 이 결과는 이 결과가 아닐 수 있고, 내 일이 내 일이 아닐 수도 있다.

나는 신입사원이면서 동시에 회사를 대표하는 '최고경영자(CEO)'일 수 있으며, 나는 지금 배우이지만 동시에 감독일 수도 있다. 양자역학이라는 프리즘으로 보는 세상은 눈에 보이는 세상과 완전히 다르다.

❸ 엔트로피(Entropy) 법칙

우리가 아는 열역학 제2법칙인 '엔트로피 증가법칙' 역시 세상만사 모든 것이 '창조프로세스'로 작동된다는 것을 증명하고 있다. 엔트로피란 어떤 하나의 창조 무대 안에서 에너지가 사용되는 절차이며, 항상 '무질서도'가 증가하는 '한 방향(→)'으로만 진행한다는 의미를 담고 있다.

일정한 통 안에서 뜨거운 물과 차가운 물을 섞으면 언제나 뜨거운 열이 차가운 열로 이동한다. 한 번의 힘을 가하여 종이를 찢을 수는 있지만, 역으로 찢어진 종이를 저절로 붙게 할 순 없다.

정리정돈된 방은 항상 어지럽혀진 방으로 변할 수 있지만 어지럽혀진 방이 새로운 에너지 투입 없이 자동으로 정리정돈되는 경우는 결코 없다.

열역학에서 중요한 제1법칙은 에너지보존의 법칙으로 우주에 존재하는 에너지 총량은 일정하여 변하지 않는 것이며, 제2법칙은 자연현상의 변화는 어떤 일정한 방향으로만 진행하며 이미 진행된 변화를 되돌릴 수 없다는 물리법칙이다.

엔트로피 법칙에 따라 자연물이 변형되면 다시 원래의 상태로 환원될 수 없고, 사용이 가능한 에너지에서 사용할 수 없는 에너지로만 이동한다.

이 엔트로피라는 개념은 1850년 클라우지우스(Rudolf Julius Emanuel Clausius)가 제안했다. 고온과 저온의 기체가 저절로 혼합될 때나 기체가 진공 내로 확산할 때, 연료가 연소할 때의 비가역

과정에서 엔트로피가 증가한다는 사실을 알아냈다.

❹ 상호배제와 전체포괄(MECE) 이론

복잡한 것을 가장 단순하게 분류하는 생각의 도구다. MECE 이론은 'Mutually Exclusive Collectively Exhaustive'의 약자로 상호배제와 전체포괄을 뜻하는 분류원칙이다.

항목들이 상호 배타적이면서 중복되는 것이 없어야 하며, 모였을 때는 완전히 전체를 이루는 것을 의미한다. 예를 들어 '처음, 중간, 끝'이나 '정육면체 주사위 눈 1,2,3,4,5,6'은 중복이 없으면서 합치면 완전하다. 반면 사과와 배는 중복되지 않았지만 모든 과일 전체는 아니다.

'잘 생각한다'는 건 서로 겹치지 않으면서 하나라도 빠짐없이 분류하는 능력과 연관성이 많다.

복잡하게 산재돼 있는 현상을 'MECE이론'으로 분류하면 정리정돈, 장악력, 원리이해, 전달, 개념파악, 문제발견, 문제해결 등 다방면의 능력이 급상승한다.

MECE 분류모형을 머릿속에 띄워두면서 생활 속에서 'MECE'로 분류하는 훈련을 많이 하면 복잡한 세상을 완전하면서도 가장 단순하게 요약할 수 있다.

❻ 프랙탈(Fractal) 기하학

창조과정을 MECE로 단순하게 분류한 창조프로세스는 세상만사 모든 영역에서 패턴처럼 반복된다. 프랙탈(Fractal) 때문이다. 이 말은 수학자인 만델브로(Mandelbrot)가 처음 쓴 단어로, 어원은 '조각났다'는 뜻의 라틴어다.

형용사 'fractus'에서 나왔으며, 일부 작은 조각이 전체와 비슷한 기하학적 형태를 말한다. 이런 특징을 '자기 유사성(Self-similarity)'이라고 하는데, 쉽게 말해 자연계에선 작은 자기의 구성 패턴이 전체 패턴으로 반복된다는 의미다.

프랙탈 기하학은 프랙탈 성질을 연구하는 수학 분야 중 하나다. 자연계에서 프랙탈 구조가 자주 발견되며, 구름, 산, 번개, 강줄기, 뇌, 난류, 해안선, 나뭇가지, 뿌리, 혈관, 신경계 등에 나타난다.

프랙탈 원리를 이용하면 불규칙하며 혼란스러워 보이는 현상이라도 배후에서 지배하는 규칙을 쉽게 찾아낼 수 있다.

주요 특징은 다음과 같다. 크기를 변화시켜도 같은 형태를 띠며 반복한다. 작은 구조가 전체 구조와 유사한 형태로 끝없이 되풀이된다. 부분과 전체가 똑같은 모양을 하고 있다는 패턴 반복의 속성을 반영한다. 복잡한 모습에도 간단한 질서가 나타나고 불규칙하고 무작위적인 것들도 일정한 규칙과 패턴이 있다.

프랙탈 기하학에서는 특정된 크기나 축적이 큰 영향을 미치지 않는다. 프랙탈 기하학 패턴으로 보면 겨자씨 속에 온 우주가 담겨 있을 수 있다.

감독관점에서 본 일 창조원리

"사람은 누구나 모든 현실을 볼 수 있는 것은 아니다. 대부분 사람은 자기가 보고 싶은 현실밖에 보지 않는다."

고대 로마의 가장 뛰어난 지도자이면서 인류 역사상 가장 창의적인 사람 중의 한 명인 율리우스 카이사르(Gaius Julius Caesar, B.C. 100~B.C. 44)의 이야기다. 위대한 물리학자 알베르트 아인슈타인(Albert Einstein, 1879~1955)도 "현실은 아주 끈질기기는 하지만 그저 하나의 환상일 뿐"이라고 했다.

무슨 말인가? 창의하려면 일의 전체를 알라는 것이다. 일은 창조이며, 창조성은 과정을 거친다. 즉 창조가 일어나는 프로세스를 아는 것이 곧 일에 대한 통찰이라고 할 수 있다. 창조가 일어나는 프로세스를 정확하게 이해하기 위해서는 앞서 소개한 창조프로세스원리, 양자역학, 엔트로피라는 개념, MECE 이론, 프랙탈 기하학 등

5가지 통찰 도구를 반드시 알아둘 필요가 있다.

일의 전체를 통찰하는 방법은 생각보다 어렵지 않다. 통찰의 도구를 가지고 우리는 아기가 태어나는 전 과정을 들여다보고 MECE 이론으로 분류하고 단순한 패턴을 발견하면 된다. 우선 이렇게 물어보자.

"아기가 어떤 과정을 거쳐 이 우주에 탄생했을까?"

물론 우리는 학교에서 배워서 이미 잘 알고 있다. 먼저 눈에 보이지 않는 끈끈이 무대 '자궁'이 필요하다. 그 아기 주머니 안에 엄마의 유전자를 담은 '난자'와 아빠의 유전자를 담은 '정자'가 두근두근 만난다. 둘은 서로 하나가 되어 '착상'되고 그렇게 한 생명의 씨앗이 싹트고 열 달 동안 엄마 배 안에서 '쑥쑥' 자라 드디어 한 생명이 '창조'된다.

아기 탄생 과정은 모두 '프로세스(→)'로 연결돼 있다. 자세히 살펴보면 세상에 태어나는 모든 아기는 '자궁 → 난자 + 정자 → 착상 → 열 달 → 아기 출산'이라는 같은 과정을 거쳤다. 창조란 그럴듯한 하나의 키워드 하나가 아니라 창조가 이루어지는 절차, 순서, 방향이 명확한, 그저 자연스럽고 쿨한 '창조프로세스'이다.

아기 탄생의 패턴에서 찾아낸 창조적 사고의 생각공식

〈눈에 보이지 않는 부분〉

①자궁 : 어떤 것을 잡아 가두는 끈끈이 무대 세팅

②난자와 정자 : 끈끈이 무대 위에 서로 다른 것이 만나 두근두근 반응하여 조합

③착상 : 끈끈이 무대, 두근, 두근 셋이 하나(삼위일체)가 되는 순간 새로운 싹이 틈

〈눈에 보이는 부분〉

④열 달 : 형태를 갖추기까지 절차에 따라 쑥쑥 성장하고 노력하고 발전하며 자람

⑤아기 탄생 : 세상에 창조

• 끈끈이 무대 → 서로 다른 둘의 두근 + 두근 만남 → 새싹 → 쑥쑥 → 창조결과

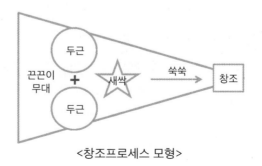

<창조프로세스 모형>

이 창조의 요소들이 연결된 프로세스 모형은 우리에게 통찰을 던져준다. 새로운 것이 창조되기까지 '6가지 핵심요소들(자궁, 난자, 정자, 착상, 쑥쑥, 창조)이 어떻게 연결되고 어떤 우선순위로 작동하는지를 통찰할 수 있다.

창조가 프로세스로 이루어져 있다는 사실은 문제의 출발점이 무엇인지, 앞으로 일은 어떻게 전개될 것인지 예측까지 가능하게 도와준다.

그런데 이 패턴은 그저 아기 창조에만 적용되는 프로세스일까? 그게 아니었다. 나는 지난 20년간 내가 이해할 수 있는 창의성에 대한 진정한 답을 찾아 치열하게 탐구해 왔다. 공모전 수천 편의 대상 수상작을 분석하고 창의적인 작품을 만든 생각 과정에 대해 수상자들과 심층 인터뷰를 하면서 세상에 모든 아이디어나 창작품들의 탄생 과정이 아기 창조프로세스와 일치한다는 사실을 알게 됐다.

기발한 아이디어나 창작품은 물론 제안서도, 신기한 광고도, 톡톡 튀는 영상도, 좋은 에세이 글도, 단순한 디자인도, 선택받는 자기소개서도, 유용한 창업 아이템이나 기업혁신 전략 기획서도 모두 새 생명이 탄생하듯 똑같은 패턴을 거쳐 세상에 창조됐다.

그뿐만이 아니다. 아기가 태어나듯 연인도, 부부도, 가족도, 학교도, 사회도 생겨났고, 심지어 아기가 태어나듯 경제학이나 제도, 역사, 과학, 물리학, 철학, 심리, 소통, 종교 등 모든 문명적 활동 역시 모두 같은 프로세스로 창조되고 진보하고 있었다.

"창조적인 일을 해야 할 때 이 프로세스와 패턴을 적용하면 누구나 단숨에 창조적인 사고를 할 수 있지 않을까?"

그 질문을 안고 필자는 수많은 기업, 공무원 조직, 대학에서 창의 특강과 혁신캠프를 진행하며 사람들이 창조적인 문제해결을 위해 적용해보도록 시도했다. 결과는 놀라웠다. 일에 창조프로세스 패턴 공식을 적용하는 순간 인간의 창의성이 '자동으로' 발휘된다는 사실을 알게 됐다. 즉, 창조프로세스 패턴을 통찰하는 것만으로도 누구나 생각천재가 될 수 있다는 걸 의미했다.

실제로 기업과 공무원 창의캠프에서 이 공식을 활용한 참가자들은 즉석에서 수많은 통찰과 혁신적인 아이디어, 조직혁신 전략과 비즈니스 전략을 찾아냈다. 수많은 대학생이 이 창조프로세스 패턴을 적용해 다양한 공모전에 수상했으며, 한 대학은 이 패턴을 적용해 창의인재 양성전략을 수립해 국가로부터 110억 원의 대학교육 혁신지원금을 받을 수 있었다.

'일 통찰'이란 감독의 관점을 가지고 비즈니스의 무대 전체의 창조프로세스를 통찰하고 장악하고 제어하는 사고능력이다. 감독관점으로 일을 통찰하는 사람은 누구라도 창조적 사고를 하게 되고 일의 리더가 될 수 있으며, 미래 CEO를 꿈꿀 자격이 생긴다.

일은 어떤 패턴으로 완성되는가?

일에는 창조프로세스, 양자역학, 엔트로피, 프랙탈 기하학, MECE 분류이론과 같이 프로세스를 증명하는 다양한 법칙들이 작동되고 있다.

어떤 일이든 모든 일은 반드시 끈끈이 무대 → 서로 다른 둘의 두근 + 두근 만남 → 새싹 → 쑥쑥 → 창조결과(창조프로세스)로 작동된다. 일은 여러 가능성, 확률성, 잠재성, 중첩성을 동시에 갖는 상태에서 어떤 조합이 이루어지는 순간 중첩상태는 깨어지면서 현실의 입자가 된다.(양자역학)

일은 어떤 일정한 방향으로만 진행하며 이미 진행된 변화를 되돌릴 수 없다.(엔트로피)

일이 창조되는 과정은 모두 같은 패턴의 지배를 받는다. 그러므로 세상 모든 일은 같은 패턴의 반복이다.(프랙탈 기하학)

일의 창조패턴에서 중복을 배제하고 전체포괄 상태에서 핵심요

소를 가장 완전하면서도 단순하게 분류(MECE 분류이론)하면 다음
과 같은 일의 통찰을 얻게 된다.

- 모든 일은 시작과 끝 사이에 '프로세스(→)'로 작동된다.
- 모든 일은 가능성, 잠재성, 중첩성이라는 '공간설계'에서 연결되
  고 절차를 거치는 '시간설계'로 완성된다.
- 모든 일은 한 방향으로만 진행하며 이미 진행된 변화를 되돌릴
  수 없다.
- 모든 일은 안 보이는 세계가 보이는 세계를 지배한다.
- 모든 일은 파동에서 입자로 가는 양자역학을 따른다.
- 모든 일은 불확실한 확률에서 구체적인 확정으로 진행한다.
- 모든 일은 중첩(메타포)에서 일어나 해체로 끝난다.
- 모든 일은 삼위일체에서 아이디어가 일어나 창조로 완성된다.
- 모든 일은 조합에서 영감을 얻어 지식을 낳는다.
- 모든 일은 (초)연결에서 발생해 낱개로 끝을 맺는다.
- 모든 일은 배후세력이 세팅하고 드러난 수행자가 일을 집행
  한다.
- 모든 일은 이상에서 현실로 귀결된다.
- 모든 일은 전제조건이 진행 현상을 통제한다.
- 모든 일은 성공이든 실패든 같은 패턴으로 작동된다.
- 모든 일의 패턴은 '끈끈이 무대 → 두근 + 두근 연결조합 → 착상
  → 쑥쑥 → 창조결과'라는 6가지 핵심요소로 연결돼 있다.

1장 관점통찰

- 낱개의 지식과 정보가 아무리 많아도 서로 연결되지 않으면 창조가 이루어지지 않지만 '끈끈이 무대 → 두근 + 두근 연결조합 → 착상 → 쑥쑥 → 결과'의 단 6가지 핵심요소만 연결돼도 일은 창조된다. 실제로 다양한 예를 보자.

선풍기 날개가 돌고 있다.
- 전기 힘 → 전기에너지 + 운동 변환 모터 → 회전축 → 날개 회전 운동 → 바람 창조

부채질 중이다.
- 팔 힘 → 부채 + 손 → 손잡이 착상 → 상하上下 운동 → 바람 창조.

선풍기가 작동하고 부채질하는 과정에서 다양한 요소 중 하나의 요소라도 빠지면 바람은 일지 않는다. 6가지 요소가 하나로 일치하여 연결되는 순간 창조결과가 만들어진다. 이것이 창조프로세스의 핵심원리다.

여기 무생물인 돌멩이가 있다.
- 지구 중력 → 자유 이동 질량 + 당기는 힘 들썩들썩 → 붙잡는 강한 힘 착상 → 지속력 → 가만히 있는 듯 보이는 돌멩이

놀이터 점핑 기구가 있다.

- 점핑 기구의 복원력 → 질량 + 탄력 정도 → 파워 착상 → 도약운
동 → 최대 높이 창조

우주선 로켓이 있다.

- 땅을 미는 분출력 → 연료 + 점화 → 힘 착상 → 발사 운동 → 로
켓 발사 창조

야구 투수가 있다.

- 땅을 미는 힘 → 다리 들기 + 팔을 뒤로 뻗어 와인드업 → 상체
힘 최대착상 → 팔운동 → 공의 속도 창조

이 모든 창조과정이 사실 같은 패턴이라는 사실을 깨닫는 순간,
우리는 놀라운 통찰력을 발휘할 수 있다.

예를 들어보자. 최초로 실전 태권도를 창안한 이동희 사범의 아
이디어 발상은 창조프로세스를 통찰했기 때문이다. 그는 태권도가
팔 힘과 다리 힘을 중심으로 기술을 발달시켜 왔다는 사실을 통찰
하고 발상을 전환했다. 파워의 근원인 끈끈이 무대에 주목하고 다
음과 같은 창조프로세스를 연결하고 전체 창조프로세스를 세팅한
것이다.

- 땅을 박차는 힘(무대에서 얻은 동력) → 다리의 힘 + 골반을 비트
는 와인드업 결합 → 집중적인 파괴력 착상 → 발차기 운동력 →

파괴력 있는 실전 태권도 기술 창조

우리는 이런 창조패턴을 통해 세상의 작동원리를 쉽게 통찰할 수 있다. 예를 들어, 왜 목욕탕 음료수는 비상식적으로 비싸게 팔까? 그럼에도 왜 사람들은 그 음료수를 불만없이 사 먹을까? 창조패턴으로 보면 그 이유는 뻔하다. 목욕탕은 외부와 명확하게 구분되고 차단돼 있는 특별한 무대의 파워가 있기 때문이다.

• 고립된 섬 같은 목욕탕 무대 → 목욕 후 갈증 욕구 상승 + 외부 접근성 낮음 → 독점 착상 → 고가판매 전략 → 목욕탕 음료수는 비싸게 판매

우리는 창조패턴을 통찰함에 따라 요리창조 패턴에서 건축 혁신법을 발견하고 건축창조 패턴에서 비즈니스 혁신전략을 설계할 수 있다. 자연의 문제해결 패턴을 읽어 우리 일의 문제를 해결할 수도 있다. 세상 모든 일이 모두 이 창조프로세스 패턴 하나로 연결돼 있다는 사실을 아는 게 바로 '통찰'의 진짜 비밀이다.

결과로 보고 낱개로 보고 부분으로 보면 세상은 변화무쌍하다. 모두 다르다. 복잡하다. 정답이 없다. 무수히 판단해야 하고 무수히 결정해야 한다. 당연히 어렵고 힘든 세상이다. 그 변화무쌍이 당신을 지치게 한다. 수렁에 빠진다. 이것이 끈끈이 무대 위에 던져진 '배우의 관점'이다.

그런데 발상을 전환하여 '무수히 변하는 것들이 창조되는 과정'

인 변하지 않는 것을 보라. 아무리 세상이 변화무쌍해도 그 모든 걸 탄생시키는 창조프로세스는 절대 변하지 않는다. 늘 같은 패턴이다. 당신은 초연하게 그 변하지 않는 창조프로세스로 변하는 모든 것들을 단숨에 통찰하고 장악할 수 있다. 길을 잃은 일에 일머리를 제시할 수 있으며, 수렁에 빠진 세상에 비전을 제시할 수 있다. 이것이 바로 끈끈이 무대를 통찰하는 감독관점이다.

세상만사 모두 공통적인 창조프로세스 패턴이라고 생각하는 순간, 우리는 현재 비즈니스에서 수많은 전략과 전술을 새롭게 짤 수 있다. 우리 일의 진행단계를 즉시 파악할 수 있으며, 지금 어떤 단계에서 어떤 단계로 넘어가고 있는지 명확하게 보인다.

다음 단계를 위해 지금 무엇에 집중해야 하는지 알 수 있다. 우리의 비즈니스가 끝 단계에 도달하고 있다면 새로운 혁신 무대를 위해 지금까지 발 딛고 있는 비즈니스 무대 자체를 바꿔버릴 수도 있고, 새로운 무대 변화를 통해 무엇이든 다른 영역과 초연결을 시도해 볼 수도 있다.

개인은 자신의 직무를 6가지 핵심요소와 프로세스 흐름으로 통찰할 수 있기에 일 전체를 장악하고 일을 내 안에서 통제할 수 있게 된다. 일에 끌려다니지 않게 된다. 일에 관한 생각이 달라진다. 일을 바라보는 태도가 완전히 달라진다.

아이폰과 유튜브 탄생의 공통패턴

우리는 '창조프로세스'로 사고하면 일의 본질에 좀 더 쉽게 다가갈 수 있다는 사실을 알게 됐다. 스티브 잡스(Steve Jobs)의 아이폰이나 스티브 첸(Steve Chen)의 2조 원짜리 유튜브(YouTube)의 탄생 이야기에서도 그 사실을 증명할 수 있다. 아이폰과 유튜브는 어떻게 창조되었을까? 물론 창조프로세스를 거쳐 나왔다. 이 두 개의 위대한 탄생과정을 인간의 관념은 빼고, 포장과 수식어까지 모두 제거한 후 '쿨'하게, 있는 사실 그대로 들여다보자.

스티브 잡스는 디지털카메라 시장이 한순간에 망하는 걸 봤다.

[문제 발견 패턴 분석]

결과(창조) : 디지털카메라 시장이 망함 ← 쑥쑥 : 핸드폰으로 사진을 찍는 사람들이 점점 늘어남 ← 착상 : 카메라 기능이 장착된 핸드폰 아이디어 ← 만남 : 핸드폰 기능과 카메라 기능이 서로 결합 ← 끈끈이 무대 : 카메라가 들어 있는 핸드폰에 대한 누군가의 상상.

『스티브 잡스 전기』에 따르면 스마트폰을 개발하기 전 아이팟은 '대박' 행진 중이었다. 그러나 잡스는 그때 엄청난 고민에 휩싸여 있었다. 디지털카메라 시장이 핸드폰 때문에 한순간에 망했듯이 아이팟 역시 핸드폰에 의해 얼마나 생존할지 알 수 없었기 때문이다. 애플 비즈니스의 무대를 확장하자 스티브 잡스 머릿속에는 새로운 창조공식이 작동하기 시작했다.

[창조 해결 방향]
끈끈이 무대 : 휴대폰 등장으로 디지털카메라 회사들이 망하는 과정을 보고 아이팟의 미래 고민 → 만남 : 아이팟과 태블릿PC 사업의 화면 터치 기술과 아이디어들의 두근두근 조합 → 착상 : 인터넷 기능의 컴퓨터와 아이팟을 결합한 스마트폰 콘셉트 → 성장 : 6개월간 매일 팀 회의를 거쳐 제품의 기능을 보완, 디자인 완성도를 높여감 → 창조 : 세상을 바꾼 아이폰 창조

창조프로세스로 보면 2조 원에 유튜브를 구글에 판 창업자 스티브 첸의 창조과정도 잡스의 아이폰 창조패턴과 하나도 다를 바 없다. 첸은 대중공연을 하던 여가수의 노출 영상이 보고 싶었지만, 검

색사이트에서 도무지 해당 영상을 찾을 수가 없었다.

[문제 발견 패턴 분석]
결과(창조) : 화가 나고 짜증이 남 ← 쑥쑥 : 보고 싶은 영상을 아무리 야후 같은 포털사이트에서 검색해 봐도 찾을 수 없었음 ← 착상 : 해당 영상 정보를 가지고 있는 사이트가 없음 ← 만남 : 다양한 동영상과 포털사이트 정보검색이 서로 만나 잘 조화되지 않음 ← 끈끈이 무대 : 텍스트 중심의 포털

　챈의 이런 문제 발견은 그저 창조패턴 전체를 역으로 생각한 것뿐이다. 이 순간 챈은 아이디어가 생겼고 창조적인 솔루션이 나왔다. 영상에 대해 전혀 아는 것이 없었던 챈이었지만, 동료들과 함께 이 창조공식에 나타난 문제를 하나씩 해결해 영상정보서비스 포털사이트를 직접 만들었다.

[창조 해결 방향]
끈끈이 무대 : 보고 싶었던 동영상을 찾지 못해 짜증 난 과정을 보고 쉽게 찾도록 도와주면 사람들이 좋아할 거라는 생각 → 만남 : 영상물과 포털사이트 기능을 서로 연결하여 제대로 조합 → 착상 : 영상물 공유전문 포털사이트 콘셉트 → 성장 : 누구나 쉽게 동영상을 올리고 서로 간편하게 공유할 수 있게 사이트 기능 구축 → 창조 : 2조짜리 유튜브 창조

이제 유튜브는 구글과 결합하여 세계적인 영상콘텐츠 분야의 강자가 됐다. 아이폰이나 유튜브의 탄생과정은 미사여구, 수식, 포장을 다 벗겨내고 나면 그저 아기가 태어나는 프로세스와 정확하게 일치한다. 세상에 만들어진 모든 아이디어와 발명품은 물론 모든 기업의 탄생과정 역시 이런 6가지 핵심적인 창조요소가 하나로 연결되어 창조된 것이다.

창조프로세스는 누구나 '공식'처럼 쉽게 활용할 수 있다. 공식에 대입해 일을 통찰하는 순간 안 보이는 것이 보이고 전체 흐름과 주요 핵심요소들을 파악할 수 있다.

기억하세요! 일의 창조패턴

* 모든 일은 다르다. (X)
* 세상의 모든 비즈니스 창조패턴은 같다. (O)

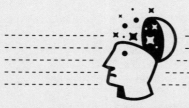

2장 공간통찰

무대를 발견하여 초연결하라!

왜 열심히 노력하는데도 망하는가?

세계적 석학이자 경영의 대가 짐 콜린스(Jim Collins)는 2008년 9월 25일 재앙과도 같은 사건들에 놀라며 유나이티드항공 비행기 안에서 맨해튼을 내려다보고 있었다.

당시 미국 500대 기업 중 156위를 차지하던 베어스턴스는 주말에 진행된 굴욕적인 협상 끝에 JP모건체이스에 인수되었다. 리먼브러더스는 158년의 찬란했던 역사를 뒤로하고 끝내 파산했고, 만신창이가 된 패니메이와 프레디맥은 구제 금융을 수혈받았다.

미국번영의 상징이던 메릴린치도 끝내 공개 매각됐다. 워싱턴뮤추얼은행은 역사상 최대의 상업은행 파산 위기에 처했다. 『좋은 기업을 넘어 위대한 기업으로』를 썼던 짐 콜린스는 곰곰이 생각에 잠겼다.

"어떤 기업은 위대한 기업으로 건재하지만, 또 다른 기업은 순식간에 시장에서 사라지거나 몰락하는가?"

실제로 미국「포춘」지에 따르면, 1990년대 중반까지 100대 기업에 속했던 기업들이 300대 기업으로 밀려나거나 시장에서 완전히 사라졌다고 한다. 1980년부터 1992년까지 미국 상위 100대 기업을 조사한 바에 따르면, 이 13년간 성장한 기업은 18개에 불과하며 유지 13개, 쇠퇴 25개, 탈락 44개인 것으로 나타났다.

우리나라라고 다를까? 1960년대 중반 우리나라 30대 기업에 속한 그룹이 30년이 지난 90년대 중반까지 생존한 경우가 거의 없다고 한다. 부를 지키려는 개인 역시 다르지 않다. 세계적인 백만장자 인물은 몇 년 단위로 계속 교체되고 있다.

우리 가까이에서 이런 상황을 찾아보기는 그리 어렵지 않다. 어제까지 잘 나가던 대표적인 기업이나 개인이 하루아침에 철저히 몰락하는 것이 다반사다. 한 세기를 풍미했던 세계적인 기업 마이크로소프트사도, 제너럴일렉트릭도, 토요타도 과거의 명성에 미치지 못하며 다양한 지표들이 추락하고 있다는 분석이 나온다. 오늘 세계적인 기업이 내일이면 사라져 버릴 수 있다는 걸 우린 이미 잘 알고 있다.

짐 콜린스도 우리와 같은 의문이 들었다. 그래서 그날 수많은 기업이 망하는 것을 본 후 연구를 시작하여 망한 기업들의 원인을 분석한『위대한 기업은 다 어디로 갔을까?』라는 책을 집필했다.

콜린스는 연구팀과 함께 총 6,000년에 해당하는 연구대상 기업들의 역사를 5년에 걸쳐 조사 분석하여, 잘 나가던 기업이 몰락하는 5단계 공통적인 과정을 다음과 같이 제시했다.

- 1단계 : 성공으로부터 자만심이 생겨나는 단계
- 2단계 : 원칙 없이 더 많은 욕심을 내는 단계
- 3단계 : 위험과 위기 가능성을 부정하는 단계
- 4단계 : 구원을 찾아 헤매는 단계
- 5단계 : 유명무실해지거나 생명이 끝나는 단계

무수한 기업들의 몰락 과정을 보면, 결국 현재의 위대한 성공이 미래를 보장하지 않는다는 의미이며, 자신을 성찰하고 자기 주도형 혁신을 멈추지 않는 것이 생존의 길임을 보여준다.

짐 콜린스 역시 "창의적인 자기혁신 프로세스를 통해 새로운 기술을 지속해서 개발하지 않으면 도태된다는, 무서운 경고의 상징이었던 것"이라고 최종 평가했다.

그는 대표적인 사례로 모토로라 이야기를 소개했다. 한때 짐 콜린스는 제리 포라스와 함께 165명의 CEO를 대상으로 조사해 비전 있는 세계적 기업 중 하나로 모토롤라를 꼽은 적이 있었다. 실제로 모토로라는 핵심가치 추구, 실험정신, 경영의 연속성, 자기혁신 장치 구비 평가에서 다른 기업들보다 훨씬 높은 점수를 받았다.

짐 콜린스는 당시 모토로라가 최초로 '식스 시그마'(SIX Sigma, 완벽을 지향하는 품질경영기법)를 도입해 제품의 품질을 개선하고 기술 로드맵을 작성해 10년 후의 시장 기획에까지 대비하는 것을 높이 평가했다.

실제로 이후 모토롤라의 상승세가 지속됐다. 1995년 전후까지

연 매출 50억 달러에서 270억 달러까지 늘어났다. 콜린스는 이때부터 겸손하던 모토로라가 자만하기 시작했다고 분석한다.

1995년 모토로라 경영진은 조개껍질을 본떠 만든 세련된 디지털의 초소형 스타텍 휴대전화 단말기의 출시를 앞두고 한껏 기고만장해 있었다. 그런데 내부 예상과는 반대로 얼마 되지 않아 모토로라는 이내 몰락의 길을 걷게 된다.

짐 콜린스는 "문제는 단 한 가지였다. 무선통신 시장은 이미 디지털 기술로 이동하고 있는데 스타텍은 여전히 아날로그 기술에 기반을 두고 있었기 때문이다."라고 분석했다.

당시 이에 대한 우려의 목소리가 컸지만 모토롤라의 고위 경영자들은 '4,300만 명의 아날로그 고객이 있는데 대체 뭐가 문제란 말인가?'라며 안이하게 생각했다. 결국, 내부의 성공은 자만을 불렀고, 내력은 외력의 현실 앞에 힘없이 무너졌다. 문제와 답은 안에 있는 게 아니라 언제나 밖에 있다.

> **기억하세요! 위대한 기업은 다 어디로 갔을까?**
> * 지금의 성공이 미래를 보장한다. (X)
> * 지금의 성공이 미래의 성공을 보장하지 않는다. (O)

비즈니스 무대를 재상상하라

아마존은 우리가 너무나 잘 아는 세계 최대 규모의 인터넷 전자상거래 기업이다. 처음에는 인터넷 서점으로 출발했다. 1994년 미국제프 베조스(Jeff Bezos)는 인터넷이라는 새로운 시대와 온라인 쇼핑 무대를 읽고, 세상에서 가장 저렴하게 또 가장 편리하고 빠르게책과 물건을 구매한다는 고객의 요구를 연결해 전자상거래 쇼핑몰을 만들기로 하고, 새로운 가치를 창조하는 비즈니스 모델을 구축했다.

아마존의 창조프로세스

- 끈끈이 무대 : 인터넷이라는 새로운 시대와 전자상거래 신기술무대(외력)
- 두근 + 두근 연결(창의) : 세상에서 가장 저렴한 책과 물건을 가장 편리하고 빠르게 구매한다는 고객의 요구를 조합하여 연결
- 아이디어 착상 : 차별화된 전자상거래 샵을 구축하여 내부조직과 고객 만남(내력)
- 절차·플랜·실행 : 체계적인 물류 관리에서 가장 빠르게 배송 처리 절차 구축

• 가치 창조 : 세계 최대의 인터넷 전자상거래 업체로 성장

창업자 제프 베조스는 세계에서 가장 넓고 긴 강인 아마존처럼 다양하고 많은 물건을 파는 쇼핑몰이 되자는 의미에서 '아마존닷컴'으로 기업 이름을 지었다. 아마존은 온라인 시대의 순풍을 타고 엄청난 성장세를 이뤄냈다. 지난 2016년에는 창업한 지 불과 23년 만에 기업가치 156조 원을 달성했으며, 시가총액으로는 최근 전 세계 부자 기업 1위에 이름을 올렸다.

창조프로세스로 보면 일의 전체는 [외부] 무대(두근+두근 연결 창의) → [내부] 아이디어 착상, 절차·플랜·실행, 가치 창조로 이어지는 연결고리다. 일의 전체를 이해하고 흐름을 장악했다면 '혁신'은 의외로 쉽다. '외부'인 무대를 읽고 판을 바꾸어 기존의 두근값과 다른 영역의 두근값을 초연결하여 '내부'의 전략적 포인트를 설정하고 목표를 단계별로 달성해 나가는 것이 혁신이기 때문이다.

예를 들어보자. 아마존은 온라인 쇼핑몰 무대에서 벗어나 새로운 무대인 계산대가 없는 오프라인 매장 '아마존 고(Amazon Go)'를 속속 설립하는 것으로 혁신하고 있다. 그냥 평범한 오프라인 매장을 열었다면 그것은 비즈니스 후퇴였을 것이다.

그러나 아마존고는 4차 산업혁명 시대라는 새로운 무대를 읽고 전자태그 등 스마트 시스템을 초연결하여 기존 매장들의 계산대 불편문제를 완전히 해결했다.

아마존의 혁신 오프라인 샵 아마존고 창조프로세스

- 끈끈이 무대 : 제4차 산업혁명이라는 새로운 인공지능 시대와 전자태그 신기술 무대(외력)
- 두근 + 두근 연결(창의) : 세상에서 가장 저렴한 물건에 인공지능, 전자태그를 연결하여 가장 편리하고 빠르게 구매한다는 개인정보가 연동된 고객의 요구를 연결
- 아이디어 착상 : 차별화된 무無계산대 오프라인 매장 시스템 구축(내력)
- 절차·플랜·실행 : 가장 편리하고 신속한 계산처리절차 구축과 배송능력 향상
- 가치 창조 : 세계 최대의 온·오프라인 매장 업체로 성장

세상에서 가장 저렴한 책과 물건을 가장 편리하고 빠르게 구매한다는 고객의 요구를 조합하여 두근두근 연결하겠다는, 기업경영의 핵심가치는 전혀 변하지 않았다.

외력을 읽고 무대 자체를 바꾸어 스마트 기술과 초연결하여 내력을 변주했으며, 비즈니스를 혁신한 것이다.

왜 어떤 기업은 위대한 기업으로 건재하지만, 다른 기업은 시장에서 사라지거나 몰락하는 걸까? 무대 자체를 변화시키는 외력을 읽는 통찰력이 부족하기 때문이다.

우리의 생각과 성패를 판가름하는 첫 번째 조건은 발밑의 무대다. 무대는 외력과 연동돼 있으며 그것은 우리 비즈니스 밖의 영역이다.

'장사는 목이 좋아야 한다'며 알짜 부동산 확보에 열을 올리던 유통업체들이 있었다. 그러나 요즘은 점포 매각에 나서고 있다. 왜일까? 외력에 따른 무대 자체가 달라졌기 때문이다. 오프라인 중심의 소비 패러다임이 온라인으로 이동하면서 무대 자체가 바뀌었다.

이것을 통찰한 유통업체는 부동산 확보전략에서 매각전략을 선택했다. 매각전략을 선택하자 현금보유 구조를 개선할 수 있었고, 온라인 미래시장에 투자할 자금을 확보할 수 있었으며, 부동산 세금도 줄이는 등 무수한 장점이 쏟아졌다. 무대 자체가 바뀌자 무대 위에 모든 전술이 일제히 바뀌었다.

독일 주차장은 주차하기가 너무 쉽다. 왜일까? 주차선 무대 자체를 90도에서 45도 각도로 바꾸었기 때문이다. 보령시는 갯벌 무대를 아예 머드 축제장으로 바꾸자 500억 원의 지역경제 효과가 나타났다. 평범한 고속도로 휴게소를 '쇼핑과 놀이시설공원'으로 무대 자체를 바꾼 덕평휴게소는 사람들이 일부러 찾는 고속도로 인기명소가 됐다.

후지필름은 필름의 핵심원료인 '콜라겐'을 다시 정의하여 기능성 화장품 제조 기업으로 거듭나 회생에 큰 힘이 됐다. 모두 기존 비즈니스 무대 자체를 바꾸어 혁신에 성공했던 사례이다. 혁신의 패턴은 모두 같다. 기업뿐만 아니라 해외의 다양한 도시재생 혁신 성공사례들도 결국 기존 무대 자체를 바꾼 것이다.

캐나다의 그린빌 아일랜드는 섬이 아니다. 마치 혹처럼 튀어나온 것이 섬에 다리를 연결한 모습과 비슷하다고 하여 붙여진 이름이다. 이곳은 원래 벤쿠버 항을 중심으로 성장한 공업 도시였다. 그러나 경제공황을 겪으며 도시가 쇠퇴하자 시멘트 공장만 흉측한 모습으로 남아 있었다. 이후 망한 도시의 결과값을 관광도시 무대로 다시 정의하여 탈바꿈시켜 나갔다.

가장 먼저 낡은 공장과 창고들을 레고 같은 모습으로 채색하여 재디자인했다. 관광객들을 유치하기 위해 버스와 배를 타고 그린빌 아일랜드로 들어갈 수 있도록 만들었다.

그린빌 아일랜드의 새로운 콘셉트로 오래된 창고와 공장들이 그대로 남아 있기에 마치 과거로 여행을 떠나는 느낌을 최대한 살렸다. 거기에 항구 특유의 분위기를 가미하여 더욱 운치 있는 도시를 만들었다. 많은 관광객을 유치하면서 도시재생에 성공했다.

스페인의 빌바오(Bilbao)의 경우도 조선 산업과 철강으로 유명한 지역이었지만, 산업구조가 변화하자 점차 쇠퇴한 도시가 됐다. 빌바오의 주민들은 하나둘씩 고향을 떠나기 시작했다. 하지만 20세기 후반, 빌바오는 도시재생에 성공하면서 연간 100만 명의 관광객이 찾는 관광명소가 됐다. 어떻게 혁신할 수 있었을까?

빌바오를 바꾼 혁신가는 미국의 유명 건축가 프랑크 게리(Frank owen gehry)였다. 당시 게리는 창의적인 건축물을 만드는 아티스트로 유명했는데, 마침 그는 건축을 넘어서는 도시 전체의 재생에 관심을 가지던 때였다. 그는 도시 무대 자체를 바꿔 나가며 가장 먼저 빌바오의 핵심 랜드마크로 '구겐하임 미술관(The Solomon R. Guggenheim Museum)'을 세웠다. 빌바오 시는 여기에 더해 '살베 다리'를 건립하여 종합적인 관광문화 도시 인프라를 구축했다.

살베 다리 덕분에 도심과 강변 양쪽에서 접근할 수 있게 되었고, '데우스토 대학'과 '아리아가 극장'과 함께 문화 및 예술 지구의 삼각형 구도를 창조시켰다. 이 과정을 통해 죽은 빌바오는 혁신적인 도시로 재탄생할 수 있었다.

'일 통찰'은 보이지 않는 비즈니스 발밑의 무대를 읽는 것이다. 그것이 일을 가장 중요하게 결정짓는 모든 연출을 결정하는 토대임을 알기 때문이다.

인공지능을 위시한 제4차 산업혁명과 인공지능, 5G시대가 왔다. 우리가 원하든, 원하지 않든 발밑 무대 자체가 바뀌고 있다. 새로운 스마트 무대에서는 보이지 않는 네트워크망인 '디지털 허브개념'이 필요하며, 전혀 다른 영역과 분야가 만나는 '초연결'을 통해 기존에 없던 창조를 만들어낼 수 있다. 무대의 변화는 위기이자 기회, 동전의 양면으로 우리에게 다가오고 있다.

일의 보이지 않는 무대를 읽기 위해서는 비즈니스 외부와 내부를 통합하는 통찰적인 사고를 해야 한다. 무대와 무대 위에 연출되어 나오는 결과를 통합적으로 바라보는 시선이 바로 감독관점이다.

'초연결'의 전제조건

부산시 대표 어묵기업인 삼진어묵은 1953년부터 3대째 이어져 온 장수기업이다. 2013년 삼진어묵은 매출액 82억 원으로 100억 원 매출을 목표로 하는 중소기업이었다.

직원 수도 45명에 불과했다. 그리고 불과 5년 뒤인 2018년 삼진어묵은 920억 원의 매출액에 직원 수도 530명으로 성장했다.

삼진어묵의 놀라운 성장의 비밀은 발상의 전환에 있었다. 삼진어묵은 말 그대로 어묵을 만들어 파는 작은 기업이었다. 어묵은 밑반찬이나 떡볶이 재료로 사용하는 사각 형태의 어묵이 대부분이었다. 그런데 이 회사는 2013년 국내 최초로 베이커리 형태의 어묵

판매점을 오픈했다.

혁신은 빵집에서 접시에 자신이 원하는 다양한 종류의 빵을 골라 담는 것에서 착안했다.

"다양한 종류의 어묵을 빵집에서처럼 골라 담을 수 있게 만들면 어떨까?"

미국에서 유학을 마치고 가업을 물려받은 30대 중반의 박용준 대표는 '갓 튀겨져 나온 따끈따끈한 어묵'이 가장 맛있는데, 어떻게 하면 이 어묵을 소비자들에게 맛보게 할 수 있을까를 고민하던 중 베이커리형 매장 콘셉트를 창조해냈다.

• 시장 어묵 + 베이커리형 매장

삼진어묵 베이커리 매장에 가면 기존 어묵업체들과 다른 특징이 있다. 먼저 유명 베이커리 매장에 들어온 것 같은 실내장식과 구매 방식이다. 80여 가지 어묵 제품을 쟁반에 골라 담을 수 있도록 매장을 만들어 단순히 반찬이었던 어묵에 대한 고정관념을 깼다.

다음으로는 갓 튀겨져 나온 어묵을 바로 맛볼 수 있도록 했다는 점이다. 어묵 고로케를 포함해 어묵에 콩·단호박·치즈 등 다양한 재료를 섞어 만든 수제 어묵을 매장에서 직접 만들어 제공한다.

박용준 대표는 혁신을 거둔 후 소위 '잘 나가는' 삼진어묵의 대표 자리를 전문 경영인에 내줬다. 66년간 이어온 오너 경영이 막을 내린 것을 두고 지역 경제계에서는 이례적인 선택이라는 평가가 나왔다.

반찬으로 인식되던 어묵을 간식으로 발전시키고, '어묵 베이커리'라는 새로운 매장을 선보여 부산발 어묵 열풍을 전국에 불러일으켰던 그가 "삼진어묵의 제2도약을 위해선 가족 승계보다 가치 승계가 중요하다."며 또 한 번 발상의 전환을 단행했다.

혁신(innovation)이란 무엇인가? 비즈니스 무대 자체를 통찰하고 바꾸는 것이다. 무대를 다른 영역으로 넓히거나 좁히거나 아예 옮겨 그 위에 기존과 완전히 다른 새로운 영역을 초연결하고 조합시키는 작업이다. 삼진어묵이 해 온 발상의 전환에는 어묵 비즈니스 무대를 넓혀 빵집 시스템을 초연결시켜 재설계했다는 점이 가장 특별하다. 세상의 모든 혁신패턴은 모두 이와 같다. 언제나 반복된다.

• 포드시스템(Ford system) 창조 : 헨리 포드는 자동차 생산과정의 조립 표준화 모델을 만든 주인공이다. 처음 자동차의 생산방식은 기술자가 자리를 옮겨가면서 자동차 부품을 조립하는 방식이었다.

이와 달리 부품이 자동으로 이동하고 기술자는 제자리에서 한 부품을 집중적으로 작업하는 방식이다. 훨씬 효율적인 방식인 '포드주의'는 자동차 분야를 넘어 산업 전반으로 퍼지며 20세기 산업 자본주의를 연 상징적인 말이 됐다.

포드시스템이라고 불리는 이런 혁신적인 아이디어는 어떻게 나왔을까? 놀랍게도 아이디어는 가축 도살장에서 탄생했다.

어느 날 도살장을 방문한 포드는 흥미로운 광경을 보게 됐다. 도축사들은 가만히 있고, 갈고리에 걸어 놓은 소가 이동하는 시스템이었다. 도축사들은 다가온 소의 담당 부위만을 집중적으로 도축한 후 옆 동료에게 밀어주었다. 이 광경을 보고 헨리는 머릿속에 번뜩이는 아이디어를 떠올렸다.

"이 원리를 우리 자동차공장에 적용해 보면 어떨까?"

⇒ 포드는 자동차에 대한 관심 무대에서 우연히 도살장 구경을 하면서 도살장 처리라인 + 기존 자동차조립 방식이 두근두근 새로운 조합을 만들어내는 순간, 포드시스템을 떠올렸다.

• 페덱스 기업의 창조 : 미국 예일대에서 경제학을 수강하던 프레드 스미스는 자전거 바퀴에서 착안해 새로운 화물수송 시스템에 관한 학기 말 보고서를 제출했다. 보고서의 내용은 미국 내 인구분포의 중심지역에 화물 집결지를 만들고, 모든 화물을 일단 여기에 모은 다음 재분류하여 자전거 바퀴 모양으로 미국 전역에 배송하자는 것이다. 비록 담당 교수에게 좋은 점수를 받지는 못했지만, 후에 이 리포트를 토대로 세계적인 화물 택배회사인 페덱스를 창업했다.

⇒ 세계적인 기업이 된 페덱스가 탄생한 아이디어의 근원에는 '자전거 바큇살'이 있었다. 불편한 물류시스템 무대에 우연히 자전

거 바큇살을 보고 물류소송의 효율성이 두근두근 조합되는 순간 머릿속에 번쩍하고 영감이 떠올라 리포트를 작성했고, 추후 세계적인 물류배송 기업으로 탄생하게 됐다.

• 산악자전거의 창조 : 세계 최대 자전거 부품업체인 일본의 기업 '시마노' 이야기다. 1981년 창업주의 막내아들이자 해외 영업을 총괄하고 있던 시마노 요시조가 미국 서해안에서 일본 본사로 전화를 걸어 아이디어를 설명했다.

"샌프란시스코 북쪽에 있는 산에 갔더니 어떤 녀석들이 자전거를 개조해 타고 내려가며 놀고 있던데, 혹시 우리가 이런 자전거를 만들 수 없을까?"

산에서 타는 자전거? 당시 자전거를 산에서 탄다는 건 상식 밖이었다. 회의를 거친 뒤 결론은 '한번 해 보자'는 쪽으로 의견이 모였다. 지금은 보편화된 산악자전거인 'MTB'가 탄생하는 순간이었다.

⇒ 시마노 요시조는 자전거라는 관심 무대에 우연히 '산에서 자전거를 개조해 타고 노는 아이들'을 보면서 일반 자전거가 가진 고정관념 탈피와 두근두근 새로운 조합을 이루어냈고, 그 순간 번쩍하고 '산악용 전문자전거'라는 콘셉트를 머리에 떠올렸다.

수많은 비즈니스 혁신은 저마다 다르다. 하지만 하나같이 같은 패턴에서 나왔다. 이건 분명한 사실이다. 모든 창조에는 '초연결'이 있다. 분야를 뛰어넘어 전혀 다른 영역의 연결이나 융합을 우리는

'초연결'이라고 부른다. 그리고 그 초연결이 일어나는 메커니즘은 서로 다른 영역을 동시에 집어넣을 수 있는 끈끈이 무대가 먼저 있어야 한다는 점이다. 보이지 않는 무대를 볼 수 있는 통찰자가 있었다는 의미이다. 눈에 보이는 모든 초연결은 눈에 보이지 않는 끈끈이 무대의 통찰에서 출발한다. 우리는 이 점을 놓쳐선 안 된다.

생활 건강 진단체크 무대 위에 자동차와 병원이 초연결되고, 배송과정 궁금 스마트 위치추적 무대 위에 자장면 배달 궁금증과 기업의 물류 운송 궁금증이 초연결된다. 교육 무대에 대학강의장과 유튜브가 초연결되고, 쇼핑센터 무대 위에 고속도로 휴게소와 쇼핑몰이 초연결된다.

비즈니스 경계선은 사라지고 이제 안전지대는 없다. 핸드폰이 디지털카메라나 mp3플레이어 시장을 삼켜버렸으며, 택시업체와 카풀서비스가 경쟁하고, 공영방송이 유튜브와 생존게임을 벌이고 있다. 자동차와 병원이 초연결되고 자동차 의료서비스가 창조되며, 침대와 인공지능이 초연결되어 건강관리 침대가 창조된다.

LTE보다 100배 많은 데이터를 최대 20배 빠른 속도로 전송하고 지연 시간도 기존 대비 10분의 1에 불과한 5G시대에는 창조자와 소비자가 직접 소통할 수 있다. 중간 중개업을 통해 이득을 취하는 수많은 업종은 언제든 무너질 수 있다.

일에서 감독관점을 가진 사람은 이런 보이지 않는 무대를 예민하게 읽는 사람이다. 이들은 무대를 다른 비즈니스 영역까지 확장하거나 바꾸거나 좁히는 것으로 외력을 통제할 수 있으며, 새로운 무대에 새로운 것, 전혀 다른 요소, 다른 비즈니스나 혁신기술과 초연결시켜 기존과 완전히 다른 가치를 창조한다.

새로운 무대에 초연결을 통찰하고 주도해 나가는 사람이 바로 제4차 산업혁명 시대의 혁신가다. 저널리스트 로버트 위더는 "누구나 부티크 매장에서 패션을 찾고 박물관에서 역사를 발견한다. 그러나 창조적인 사람은 철물점에서 역사를 발견하고, 공항에서 패션을 발견한다."고 말했다.

┌─ 기억하세요! '초연결'이 일어나는 전제조건

　　* 억지로 서로 다른 분야를 연결하려고 애쓴다. (X)

　　* 끈끈이 무대를 바꾸어 전혀 다른 분야나 영역이 저절로 초연결되
　　　게 한다. (O)

일통찰의 3원칙 – 공간통찰, 시간통찰, 성공패턴통찰

뭔가를 꿰뚫어 보는 것이 '통찰洞察'이다. 사전엔 '예리한 관찰력으로 사물을 훤히 꿰뚫어 봄'이라 돼 있다. 그런데 이렇게 사전대로 생각하면 정말 통찰할 수 있을까? 절대 없다. 왜인가? '사물'을 꿰

뚫어 봐야 거기서 보이는 건 너무 뻔하기 때문이다.

초코파이를 통찰해 보겠다고 초코빵 안을 아무리 꿰뚫어 봐야 마시멜로가 들어 있을 것이고, 귤 안을 아무리 들여다봐야 귤 알맹이가 들었을 터이다. 동전을 녹여봐야 구리나 철이 들었을 테고, 돌멩이 속엔 모래가, 모래 속에 더 작은 알갱이가 들어 있을 것이다.

그러나 그게 정말 통찰을 던져주나? 제아무리 어떤 속을 꿰뚫어 봐도 큰 통찰을 얻지 못한다. 신기술로 끝까지 쪼개봐야 입자가 나오고, 원자가 나오고, 핵과 전자, 양성자와 중성자가 나오고, 그 다음 쿼크(quark)가 나오고……. 그뿐이다!

그런데 관점을 완전히 바꾸면 어떨까? 발상의 전환을 해서 초코파이 안을 꿰뚫어 보지 말고 밖을 보자. 만약 초코파이를 들고 있는 새까만 신병을 본다면 그 병사의 눈동자 속에 경이로움과 행복이 있을 것이란 사실을 우리는 금세 통찰할 수 있다.

그냥 백 원 속을 보는 것이 아니라 거지의 구걸 통 속에 든 동전 한 닢의 관계를 본다면 동전 한 개에 들어 있는 희망을 통찰할 수 있다.

돌멩이를 담고 있는 수석壽石 접시라면 그 속에 예술이란 통찰이 숨 쉬고 있을 것이요, 모래와 시멘트가 만나면 그 연결 속에 건축의 통찰이 숨어 있을 것이다. 아하? 통찰이란 어떤 사물 속을 예리한 관찰력으로 꿰뚫어 보는 것이 아니라 사물과 다른 것 '사이', 사물 '밖'에 있는 보이지 않는 관계를 꿰뚫어 보는 것이다.

"음, 보이는 것(사물)만 보지 말고 보이지 않는 것(사물과 사물의 사이)을 보고, 부분(사물)만 보지 말고 전체(사물 밖)를 보는 것이 통찰의 비밀이로군."

사물과 사물 사이, 사물 밖의 이야기, 나와 당신 사이, 직무와 직무 사이, 일과 일 사이, 비즈니스와 비즈니스 사이, 부서와 부서 사이에서 두근두근 벌어지는 관계의 창조가 이루어지는 전 과정을 꿰뚫어 보는 것이 진짜 통찰이다.

비즈니스 통찰도 마찬가지다. 창조를 만드는 것은 일과 일 '사이', 일 '밖의 무대'를 꿰뚫어 보는 것이다. 그렇다면 어떻게 사이와 밖의 무대를 잘 읽어낼 수 있을까? 비즈니스 통찰은 공간통찰, 시간통찰, 성공패턴통찰 등 3가지 요소로 구성돼 있다.

이 세 가지 통찰이 '삼위일체三位一體'로 한 지점에 모일 때 비즈니스 통찰이 떠오른다. 세 가지 통찰에 대해 좀 더 자세히 살펴보자.

첫 번째는 '공간통찰'이다. 모든 일은 필연적으로 특정 무대 위에 공간적 연결로 일어난다. 파는 사람과 사는 사람이 만나기 위해서는 시장에 모이거나 온라인 쇼핑몰이 있어야 한다.

비즈니스 영역과 무대 위에 새로운 기술이 연결되고 조합되어 일은 시작된다. 어떤 것이 발 딛고 있는 무대를 꿰뚫어 어디까지 무대를 확장시켜서 어떤 새로운 것과 초연결을 이룰 것인가를 발견하는 것, 무대의 영역을 자유자재로 조절하면서 다양한 초연결로 무수한 창조혁신의 가능성을 꿰뚫어 보는 것, 그것이 '공간통찰'이다.

두 번째는 '시간통찰'이다. 세상만사 모두 처음과 중간, 끝의 시간설계로 이루어져 진행된다. 일은 공간에서 벌떡 일어나 시간을 타고 흘러 완성된다. 과거, 현재, 미래로 흐르는 시간 전체를 꿰뚫어 통찰한 후 시간을 사전에 장악하여 분류, 설계, 절차, 속도 등에서 혁신요소를 찾아내는 것이 시간 통찰이다.

마지막 세 번째는 '성공패턴통찰'이다. 작은 성공을 만들어 낸 패턴을 꿰뚫어 그 패턴을 그대로 적용하며 점점 더 큰 성공을 이루어 내는 것이 성공패턴통찰이다.

비즈니스통찰이란 결국 사물과 사물 사이, 사물 밖에 일어나는 창조 과정의 공간을 통찰하여 설계하고, 시간을 통찰하여 설계하며, 일의 전모를 장악한 후 문제를 발견하고 혁신적 솔루션을 찾아 성공패턴을 통찰하여 위대한 성공을 계속 설계해 나가는 과정이다.

• 공간통찰 후 공간을 재설계할 수 있다. (공간통찰 → 공간설계 전략)

- 시간통찰 후 시간을 재설계할 수 있다. (시간통찰 → 시간설계)
- 작은 성공패턴통찰 후 위대한 성공패턴을 재설계할 수 있다. (성공패턴통찰 → 성공패턴설계)

비즈니스 통찰을 잘하고 싶다면 그건 일과 일 '사이', 혹은 일 '밖'에 관심을 가져야 한다. 그 사이와 밖의 세상을 꿰뚫어 보려는 차원 높은 시선이 필요하다. 그런데 그 시선의 위치가 어딜까? 바로 일의 전모를 볼 수 있는 감독관점이다. 감독의 시선을 가져야 비로소 우리는 보이지 않는 일에 대한 공간통찰, 시간통찰, 성공패턴통찰이 가능하기 때문이다.

적어도 지금까지 앞만 보고 열심히 일했다면 한 번쯤 지금 하는 일에서 한 발 물러서서 우리가 발 딛고 있는 일의 무대와 관계를 성찰해 보자.

기억하세요! 비즈니스 감독관점에 대한 통찰
* 사물 속을 꿰뚫어 보기 (X)
* 사물과 사물 사이, 사물 밖의 연결을 꿰뚫어 보기 (O)

하필河必을 버리고 필필必必을 선택한다!

전통적인 일 개념에서 일이란 '비전 → 목표 → 계획 → 실행 → 결과평가'라는 절차로 이루어진다. 이 과정 사이에서 나타나는 '방해요소'를 제거하거나 해결하는 것이 문제해결이다.

　일하고 목표를 달성하는 데 방해요소는 무수히 많다. 가령 다음과 같은 문제들과 그에 대한 솔루션이 있다.

　①비즈니스 제품이나 콘텐츠 문제 (예 : 6시그마, 기술력, 핵심역량)

　②고객과의 관계 문제 (예 : 고객관계 관리, 서비스 정신, 고객 응대)

　③목표달성 문제 (예 : 성과관리 정책)

　④내부 조직관리 문제 (예 : 임금, 승진, 복지정책)

　⑤외부 경쟁자 문제 등 (예 : 경쟁전략)

　이런 비즈니스 요소의 문제는 사실 우리에게 이미 아주 익숙하다. 이런 문제는 대부분 눈에 보이고 평면적인 사고의 문제이며, 이에 따라 예측이나 대비도 충분히 가능하다. 매뉴얼과 피드백, 체크리스트 점검을 통해 문제를 사전에 관리할 수 있다.

　전통적인 관점에서 비즈니스 문제는 대부분 보이는 것, 우리 비즈니스 중심적 사고, 우리 업무 중심, 결과 중심, 낱개, 정지해 있는 상황, 자체 노력 중심의 특징을 가지고 있었다.

그러나 이런 과거 문제해결 방식은 이제 한계에 도달했다. 지금은 대부분 눈에 보이지 않는 '무안무한無眼無限 경쟁시대'가 됐기 때문이다.

현재 비즈니스의 진짜 큰 위기는 안에서 일어나기보다는 우리 밖, 관계, 사이에서 촉발한다. 이 사실을 이해하지 못하면 '하필河必이면 우리에게 이런 일이~'라며 항상 한탄하게 되고, 이 사실을 통찰하면 일은 항상 '너무나 당연하게 일어날 것이 일어나는 필필必必'이 된다.

- 하필河必 관점 : 우리의 생각이나 의도와 다르게 뒤통수치는 것들과 예측하지 못한 문제가 생길 때 우리는 '하필이면~' 하고 생각한다.
- 필필必必 관점 : 보이지 않는 시공간, 초연결을 통찰하여 비즈니스 본질과 근원, 영역을 파악하고 시간을 관리함으로써 미래를 예측할 수 있다.

핵심은 이것이다. 필필 관점으로 일 전체 과정을 예측해야 하고, 그러자면 모든 구성원이 통찰 인재가 돼야 하며, 통찰 인재가 되기 위해서는 보이지 않는 것을 볼 수 있는 감독관점이 필요하다.

- 배우관점 : 비즈니스 무대 위에 있고 시선은 상대를 바라본다.

- 감독관점 : 비즈니스 무대 밖에 있고 시선은 무대와 무대 위 모든 배우와 시공간을 종합적으로 바라본다.

감독관점에서는 부분이 아니라 전체를 보는 위치이기에 자동으로 창조적 사고를 하게 된다. 문제는 무대 안팎을 구분해야 하는데 구분이 어렵다는 점이다. 무대는 대부분 눈에 잘 안 보이기 때문이다. 무대는 고정돼 있지 않고 수시로 변한다. 그러나 힌트는 있다.

- 보이는 것보다 무대는 항상 크다.
- 항상 배후에 숨어 있다.
- 시간의 이전 단계로 존재한다.
- 공간의 더 넓은 영역으로 존재한다.
- 전제조건으로 존재한다.
- 사전에 합의된 가이드라인으로 존재한다.

여름날 에어컨을 틀어도 시원하지 않다. 이유는? 장소가 운동장이다. 이렇듯 보이지 않는 전제조건이 있기 때문이다. 무대와 범위가 사전에 설정돼야 그 말이 참인지 거짓인지 비로소 판정된다.

- 에어컨을 틀면 시원하다 : 배우관점
- 5평짜리 강의실에 3명의 학생이 있을 때 에어컨을 틀면 금세 시원해진다 : 감독관점

반대로 생각하면 무대 설정이 안 된 모든 명제는 참과 거짓을 쉽사리 판정할 수 없다는 말이다. 그러니 사고의 출발점은 무대를 정확하게 세팅하는 것이다. 만약 오늘 중요한 업무미팅을 한다면 한 달 전에 이미 무대가 세팅돼 있었기 때문이다.

오늘 우리가 핵심고객과 한자리에 모일 수 있었던 건 이 시간의 이전 단계가 있었고 이미 더 넓은 시간설계 무대로 존재한다는 의미이다. 한 달 뒤 미팅을 하고 싶다면 오늘 제안서를 미리 고객에게 보내야 한다. 시공간을 모두 통찰하는 게 감독관점이다. 감독관점을 가질 때 우리는 보이지 않던 많은 것이 보이기 시작한다.

돌멩이가 저기 있는 건 보이지 않는 중력에 사로잡혀 있는 것이요, 자석에 못이 붙는 건 보이지 않는 자기장 작용으로 끌어 당겨진 것이며, 내 물건을 무조건 비싸게 팔 수 없는 건 보이지 않는 손인 시장이 무대가 붕괴하지 않도록 적정한 시장가로 통제하고 있기 때문이다. 눈에 보이는 세상만사 모든 것은 공간적, 시간적으로 더 큰 전체 무대와 필연적으로 연동돼 있다.

보이지 않는 전체 무대를 보려면 공간을 더 넓게 재설계해야 하고, 시간을 더 넓게 재설계해야 하고, 모든 그것을 창조패턴으로 재설계해서 바라보아야 한다. 그것이 통찰력이다.

비즈니스 문제의 핵심포인트를 통찰하자면 다음과 같다. 일 능력의 핵심은 바로 보이지 않는 문제, 부분이 아닌 전체의 문제에 집중하는 것이다. 보이지 않는 영역과 전체는 시공간의 통찰을 통해 드러난다.

- 공간통찰 : 환경과 무대 바뀜, 비즈니스 영역, 트렌드, 인공지능 같은 기술진보, 연결, 만남, 확률, 양자적 사고
- 시간통찰 : 비즈니스의 과거 → 현재 → 미래를 이해하고 일의 기승전결 흐름을 읽는 능력

모든 문제는 공간설계과 시간설계의 문제와 연동돼 있다.

- 공간설계의 문제 : 비즈니스 무대 혁신, 연결, 창조성 이해(초무대, 초연결)
- 시간설계의 문제 : 분류, 절차, 실행, 시간, 속도, 선점, 결과, 기대효과, 경제성, 디테일 이해 등(미래 고객 선점, 속도와 완벽함)

4차 산업혁명 시대에 문제를 바라보는 시각에도 통찰력이 필요하다. 왜냐하면 보이지 않는 문제, 외부, 사이, 관계, 무대에서 벌어지는 문제를 포착하는 게 앞으로 우리가 일을 잘하는 가장 중요한 첫 번째 능력이기 때문이다.

- 전통적인 비즈니스의 보이는 문제 : 즉각 대처 가능
- 새로운 환경 비즈니스의 보이지 않는 문제 : 통찰이 없으면 문제를 사전에 발견하지 못하며 대처 불가능

이제는 눈에 보이는 문제보다 눈에 보이지 않는 문제를 통찰해

야 하는 시대가 됐다. 문제를 해결하는 시대에서 문제를 예측하는 시대가 됐다. 문제에 끌려다니는 시대에서 문제를 장악하고 관리하는 시대가 됐다. 이것이 일에 대한 패러다임의 전환이 필요한 이유다.

> **기억하세요! 문제를 이해하는 통찰**
>
> * 보이는 문제에 관심을 가진다. (X)
> * 보이지 않는 문제 통찰 → 보이는 문제해결 (O)

스마트 기술이 무대를 통째로 바꾸다!

"최근 1년간 보낸 등기우편 명세를 모두 찾아 인쇄해 주세요."

대구지방고용노동청 안동지청의 사회복무요원으로 근무하게 된 20대 청년 반병현 씨가 상사에게서 받은 업무지시 내용이다.

안동지청에서 보낸 3천900개가 넘는 등기우편의 13자리 등기번호를 우체국 홈페이지에 일일이 입력한 뒤 인쇄하는 단순 작업을 반복하려면 6개월 정도 걸릴 일이었다.

하지만 고교를 조기 졸업하고 KAIST에 진학해 바이오 및 뇌공학학·석사 학위를 받은 공학도의 업무처리방식은 달랐다. 그는 직접 자동화 소프트웨어를 개발했다. 그리고 6개월짜리 단순 업무를 단 하루 만에 모두 처리해 버렸다.

반 씨는 여기에 머물지 않았다. 그는 안동지청 행정 자동화 성공 사례를 블로그에 소개했다. 그랬더니, 이를 본 고용노동부로부터 초청을 받아 현장의 행정 자동화를 위한 조언을 직접 소개했다. 이 자리에서 반 씨는 '딥러닝(Deep Learning)' 기반의 인공지능을 통해 종이 문서를 스캔하면 워드 파일로 자동 변환시켜 주는 프로그램 개발을 건의했다.

민원인이 손으로 쓴 서류를 공무원이 일일이 컴퓨터에 입력하는 방식을 고수하는 현장에서 느낀 문제의식에서였다. 반 씨는 또 네트워크로 연결된 관공서 프린터마다 각기 다른 토너의 잔량을 자동 분석해 구매 효율성을 높이는 시스템도 제안했다. 고용부는 반 씨의 건의를 받아들이기로 했다.

언론에 소개된 반 씨의 이야기는 우리의 일상적인 업무가 스마트 기술과 연결될 때 어떻게 혁신을 만들어 낼 수 있는지, 또 우리의 일을 창조적으로 바꾸는 것이 그리 힘들고 어려운 것만은 아니라는 사실을 보여줬다.

4차 산업혁명 시대는 다양한 업무가 인공지능이나 스마트 기술과 융합되고 정보가 '디지털 네트워크'라는 보이지 않는 망으로 연결되어 우리 인간에게 아주 큰 영향을 미치는 시대라고 말할 수 있다. 그래서 우리는 어떤 일을 하든 4차 산업혁명을 주도하는 핵심 기술이나 키워드를 알아두어야 한다.

- 빅데이터(big data) : 기존 데이터와 비교해 훨씬 많고 크고 방대해 이전 방법이나 도구로 수집, 저장, 검색, 분석, 시각화 등이 어려운 정형 또는 비정형 데이터.
- 클라우드 : 데이터가 인터넷과 연결된 중앙컴퓨터에 저장되어 인터넷에 접속하기만 하면 언제 어디서든 데이터를 이용할 수 있는 것. 클라우드(cloud)는 영어로 '구름'을 뜻함.
- 웨어러블 : '착용할 수 있는(wearable)'이란 뜻. 착용하는 스마트 기기나 기술.
- SNS(Social Network Services/Sites) : 특정한 관심이나 활동을 공유하는 사람들 사이의 관계망을 구축해 주는 온라인 서비스
- GPS : 인공위성 자동위치측정 시스템(Global Positioning System). 위성에서 보내는 신호를 수신해 사용자의 현재 위치를 계산함.
- IoT : 사물인터넷(Internet of Things). 사물에 센서를 부착해 실시간으로 데이터를 인터넷으로 주고받는 기술이나 환경.
- 블록체인(Blockchain) : 전자화폐인 모든 비트코인(Bitcoin) 거래 명세가 기록된 디지털 공개 장부. 온라인 금융이나 가상화폐 거래에서 해킹을 막는 기술. 기존 금융회사들은 중앙 서버에 거래 기록을 보관하지만, 블록체인은 거래에 관여한 모든 컴퓨터가 동시에 기록을 보유한다는 점이 특징.
- 서비스 디자인(service design) : 단순히 보이는 모습이나 작품을 디자인하는 것이 아니라 제품의 탄생, 소유에서 폐기까지 보이지 않는 전체 과정을 디자인한다는 의미.

- 3D 프린팅(3D printing) : 프린터로 자동차, 집, 의자, 부품, 장난 감 등 물체를 뽑아내는 기술.

- 증강현실, 가상현실 : 현실의 이미지나 배경에 3차원 가상 이미지를 겹쳐서 하나의 영상으로 보여주는 기술이 증강현실(Augmented Reality). 배경이나 이미지가 모두 진짜가 아닌 가상의 이미지를 사용하는 것을 가상현실(Virtual Reality)이라고 함.

- 플랫폼(platform) : 어떤 장치나 시스템의 기본이 되는 기초적인 틀이나 골격. 하나의 시스템을 바탕으로 하는 핵심 운영체제를 말함. 어떤 일이 진행하는 데 기초가 되는 정거장 같은 개념.

- 핀테크(fintech) : 은행이나 보험 등 돈과 관련된 금융 분야와 스마트 기술의 합성어로 예금, 대출, 자산 관리, 결제, 송금 등 다양한 금융 서비스가 IT, 모바일 기술과 결합 된 새로운 유형의 금융 서비스. 가상화폐인 비트코인도 핀테크의 일종.

- 게임화 : '모든 걸 게임화한다'는 의미로, 게임에서 흔히 볼 수 있는 재미·보상·경쟁 등의 요소를 다른 분야에 적용하는 기법. 공부도 게임화를 통해 재미있게 할 수 있는 아이디어들이 많이 연구됨.

은행을 이용하거나 택시를 부르거나 호텔을 예약하거나 음식 배달을 시킬 때 스마트폰을 켜고 네트워크에 접속해서 요청하는 경우가 많아졌다. 그런데 이런 비즈니스는 사실 실체가 없다. 그냥 정보를 한데 모아 연결해주는 디지털 플랫폼일 뿐이다. 빅데이터, 핀테크, 블록체인 따위는 모두 우리 눈에 보이지도 않고 손에 잡히지도 않는다. 그냥 모호하게 느껴질 수 있다. 제4차 산업혁명 시대의 본질은 '보이는 세상'과 '보이지 않는 세상'의 경계가 허물어졌다는 것이다.

보이지 않는 세계는 배후에서 보이는 세계를 지배한다. 인간에게는 보이지 않는 걸 볼 수 있는 '생각하는 힘'이 점점 필요해지고 있다.

눈에 보이거나 만질 수 없는 것들이 우리의 삶에 더 큰 영향을 주고 있다. 지금 우리의 일이 아무리 사소하더라도 혹은 거대하더라도 신기술, 스마트 기술, 소프트웨어 기술이 우리 일을 망하게 할 수도 있고 혁신적으로 편리하게 바꿔줄 수도 있다.

> **기억하세요! 문제를 이해하는 통찰**
> * 4차 산업혁명 신기술들을 거부할 것인가? (X)
> * 4차 산업혁명 신기술들과 공존할 것인가? (O)

CJ영화관의 혁신 이야기

세상은 '보이지 않는 세상 → 보이는 세상'으로 나아가는 한 묶음의 프로세스로 세팅되어 작동된다. 보이지 않는 세상은 주로 '끈끈이 무대(두근+두근)'이고, 보이는 세상은 '착상, 쑥쑥, 창조결과'이다. 문제는, 동전 앞면을 보고 있다면 동시에 뒷면은 볼 수 없다는 것이다. 인간이 대개 보이는 세상을 사유의 기준으로 삼는다. 그 결과 우리 사고는 더 큰 상상력을 발휘하지 못하고 한계를 맞는다.

여기 사과가 있다고 치자. 좋은 사과란 무엇인가? 잘생긴 사과, 큰 사과, 흠집이 없는 사과. 서열이 있다. 못난이부터 예쁜 사과까지 줄을 세울 수 있다. 작은 사과부터 큰 사과까지 한 눈에 비교가 된다. 흠집이 많은 사과부터 흠집이 없는 사과까지 당연히 서열을 매길 수 있다.

비교서열 경쟁에서 이긴 사과는 대접받는다. 당연하다. 그럼 서열이 낮은 사과는? 쓰레기통으로 가야 하나? 고민이 생긴다. 즉, 보이는 세상의 관점은 '착상 쑥쑥 창조' 세상이다. 경쟁으로 작동된다. 비교로 선택된다.

그런데 만약 보이지 않는 세상이라면 어떨까? 보이지 않는 끈끈이 무대(두근+두근)의 작동원리는 보이는 영역과 좀 다르게 작동한다. 사과 자체만 중요한 것이 아니다. 사과 밖, 사과와 다른 것과의 연결을 통한 창조적 관점이 더 중요하다.

다시, 여기 사과가 있다고 치자. 흠집이 있다. 그런데 흠집이 없는 사과보다 한 10배는 더 비싸게 팔릴 수 있다. 이 사과의 흠집으로 '합격'이란 글자가 새겨져 있기 때문이다. 일명 스토리가 있는 '합격 사과'이다. 사과와 독약의 연결은 백설공주 스토리를 창조했고, 사과와 화살의 연결은 빌 헤름텔 이야기를 만들어냈다. 연결의 세상에는 비교도 경쟁도 서열도 차별도 필요 없다. 어떤 만남이 운명을 바꾼다. 혁신이 일어나는 시공간에는 반드시 두근두근 만남이 있다.

CJ CGV의 '4DX'나 'screenX' 창조는 대표적인 혁신 사례다. 극장의 무대(좌석) 공간과 시간을 재설계했기 때문이다. 영화 무대 자체를 단순히 영화관에서 컬처플렉스라는 새로운 무대로 혁신시켰다. 그리고 새로운 기술들과 초연결을 시도했다.

• 4DX(관객 시공간 재설계) : 4DX는 CJ그룹의 CJ 4DPLEX가 2009년 세계 최초로 상용화한 4D 영화 상영시스템이다. 4DX는 모션체어(Motion Chair)와 특수 환경 장비를 극장에 도입함으로써 영화 장면에 따라 의자가 움직이거나 바람이 불고 향기가 난다.

이는 국내외 등록된 관련 특허수가 79건, 출원 중인 특허수가 97건에 달할 정도로 기술 집약적인 영화관 솔루션이다. 4DX 전 세계 시장 점유율은 60%로 글로벌 4D 영화 시장을 선도하고 있다.

• screenX(공간 재설계) : 스크린X(영어: ScreenX)는 CGV와 KAIST가 공동 개발한 프리미엄 상영관이다. 전면 스크린을 넘어 양쪽 벽면까지 3면을 스크린으로 활용하는 세계 최초 미래형 다면 多面 상영관을 표방한다.

기존 영화 상영관과 비교할 때 전면 스크린의 한계를 뛰어넘어 확장된 스토리텔링과 다양한 연출 시도를 할 수 있게 됐다. 지금까지 영화관은 하나의 스크린만으로 제한된 영상을 보여줬다면 스크린X는 좌·우 면을 추가해 폭넓은 영상과 시각 특수효과를 통해 더욱 입체적인 영상을 제공한다.

CJ CGV는 극장에서 영화만 보는, 보이는 영역이 아니라 우리 발 밑 컬처플렉스 무대 자체를 통하여 초연결시켰다는 점이 혁신의 진정한 본질이다. 통찰력은 마치 시時 창작과 같다. 시는 메타포요, 은유이다. 이를 깨달으면 아이디어 발상이 너무 쉽다. 혁신은 끈끈이 무대에 초연결 시키는 것으로 시를 짓는 패턴과 완전히 일치하기 때문이다.

영화관은 이제 영화관이 아니다. 영화관은 '해외명소 조깅코스 스포츠 센터'이다!

• screenX + 파리 에펠탑, 세느강변 등 조깅코스 소프트웨어 + 스포츠센터 동료, 글로벌 동호회원들과 함께 조깅

영화관은 이제 영화관이 아니다. 영화관은 '심리치료 병원'이다!

• 영화관 + 심리, 정신, 스트레스 유형 + 영화치료 데이터베이스 +
  심리 정신 임상

영화관 자체 무대를 바꿀 수 있는 것과, 무엇이든 다른 것들과 연
결할 수 있다는 생각을 하면 혁신적 아이디어는 무궁무진하게 쏟
아져 나온다.

영화관과 전용 스마트폰이 연결될 수 있고, 영화관과 전용 노트
북이 연결될 수 있다. 영화관과 콘텐츠 기업이 연결될 수 있고, 영
화관과 초중고 학습프로그램이 연결될 수 있고, 영화관과 창업 투
자기관이 연결될 수 있다. 끈끈이 무대를 통찰하여 이것과 저것을
연결하면 살고, 이것과 저것을 끊어놓으면 죽는다.

> 기억하세요! 창의인재의 관점에 대한 통찰
> * 콘텐츠에 집중하라. (X)
> * 연결에 집중하라. (O)

단숨에 비즈니스 혁신지도를 그리는 법

"일 천재가 되는 법은 없습니까?"
"있습니다. 일의 창조프로스세스 맵을 그리면 됩니다."

　기업이 비즈니스 무대 전체를 파악하고 장악하는 것, 개인이 업무 전체를 파악하고 장악하는 것, 그것이 조직이 발전하는 가장 강력한 잠재능력이다. 일의 전체를 안다는 건 외력과 내력, 무대와 내부를 동시에 통찰한다는 의미이기 때문이다.

　일의 외력에 해당하는 공간설계와 일의 내부를 결정하는 시간설계를 시각적으로 표현하면 누구나 감독관점으로 일을 바라볼 수 있으며 일을 장악할 수 있다. 그러니 우리는 무슨 일을 하든지 지금 하는 일, 혹은 앞으로 맡게 될 일 전체의 공간설계와 시간설계를 시각적으로 표현할 수 있다.

　일의 시공간 설계도를 그리는 방법은 아주 간단하다. 이미 창조가 이루어지는 프로세스 모형을 우리는 알고 있기 때문이다.

1단계. 끈끈이 무대, 삼각형을 그려라
우선 우측으로 방향을 잡는 삼각형을 A4용지에 가득 채워 그린다. 삼각형은 일의 배후에 숨어있는 끈끈이 무대나 환경을 시각적으로 설정하는 절차이다. 우측으로 삼각형을 그리는 이유는 일의 진행 방향성을 표시한 것이다.

이 삼각형은 시대의 무대나 트렌드, 4차 산업혁명 시대의 인공지능이나 신기술, 비즈니스 환경, 일의 범위를 의미하며 '외력'이라고 할 수 있다. 현재 비즈니스 무대는 양자와 확률과 가능성이 잠재된 변화무쌍한 영역이기도 하다.

이 삼각형은 눈에 잘 드러나진 않지만 앞으로 일어날 모든 연출을 결정한다. 삼각형 무대가 끈끈이라면 접착제를 극복할 솔루션을 찾아야 하고, 삼각형 무대가 불판이라면 뜨거움을 해결할 솔루션을 찾아야 하며, 삼각형 무대가 빙판이라면 미끄러지지 않을 솔루션을 찾아야 한다.

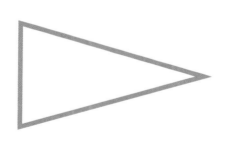

2단계. 시간을 설계하라

무대의 좌측에서 우측으로 과거, 현재, 미래 또는 기승전결이라는 시간을 타고 한 방향으로 진행되는 일의 흐름을 보는 게 시간통찰이다. 일은 반드시 처음과 과정, 끝으로 이어져 가치 창조나 문제를 일으키는 프로세스다.

시간설계 방법은 비즈니스나 제품, 서비스가 탄생하여 고객에게 가치가 만들어지는 전체 과정을 주요 단계별로 나눠 시간 설계로 표현해 보는 것이다. 각 단계는 기승전결에 따라 일의 중요한 변곡점을 통찰하여 자유롭게 정리할 수 있다.

일의 시작 ---------------------→ 일의 끝

3단계. 공간을 설계하라

공간설계는 무대 세팅과 시간설계도를 바탕으로 다양한 요소들의 두근두근 연결과 융합된 요소들을 표시하는 작업이다. 일의 시작부터 핵심 단계별로 일의 끝에 이르기까지 현재 어떤 요소들이 서로 연결, 조합, 융합돼 있는지를 한눈에 파악하도록 기록해 본다.

공간 설계도를 보면 각 단계마다 우리 일이 어떤 요소들로 결합하여 어떤 가치나 문제를 만들어내고 있는지 명확하게 이해할 수 있다.

가령 〈스마트폰 통찰〉 창조프로세스 맵을 시각적으로 표현해 본다면 스마트폰의 무대 관점, 시간관점, 공간관점에서 폭넓은 통찰

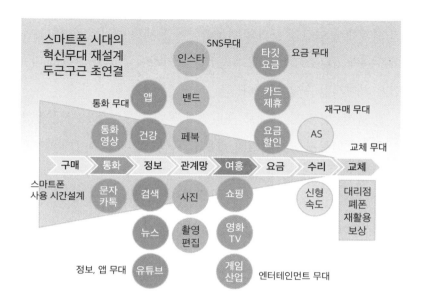

스마트폰 시대의
혁신무대 재설계
두근구근 초연결

SNS무대
인스타

타깃
요금   요금 무대

통화 무대   앱   밴드   카드
제휴

재구매 무대

통화
영상   건강   페북   요금
할인   AS

교체 무대

구매 → 통화 → 정보 → 관계망 → 여흥 → 요금 → 수리 → 교체

스마트폰
사용 시간설계   문자
카톡   검색   사진   쇼핑   신형
속도   대리점
폐폰
재활용
보상

뉴스   촬영
편집   영화
TV

정보, 앱 무대   유튜브   게임
산업   엔터테인먼트 무대

〈스마트폰의 시공간통찰 설계 맵(예)〉

을 얻을 수 있다. 이 맵을 통해 일의 전체를 파악할 수 있는 능력이 향상되는 것이다.

다시 말해 비즈니스 전체나 각각의 업무들을 통합하는 시간설계와 공간설계가 하나의 모형으로 완성되면 우리는 일을 감독관점에서 바라보게 되고 일을 장악할 수 있는 힘이 세진다. 비즈니스 무대가 삼각형으로 표현돼 있으므로 무대 자체를 바꾸거나 재설정할 수 있으며, 범위를 확대하거나 좁혀 혁신의 판을 재설계할 수 있다. 더구나 일의 시공간적 각 핵심요소를 바꾸고 초연결하여 얼마든지 변주하여 혁신을 재설계할 수도 있다.

또한, 프로세스 단계마다 문제를 사전에 예측할 수 있게 되며 이

전 단계에서 연결을 끊거나 재조합하여 문제를 해결할 수 있다. 절차를 바꾸거나 조정하고 우선순위를 파악하여 창의와 혁신을 더욱 쉽게 발현시킬 수 있게 된다.

'일 통찰' 맵은 말 그대로 우리에게 무대와 공간통찰, 시간통찰, 성패의 패턴통찰을 시각적인 정보로 보여주기 때문에 감독관점에서 일을 바라볼 수 있게 도와준다.

기억하세요, 일의 전체 통찰설계도

* 업무 목표를 세워 열심히 수행한다. (X)

* 일의 무대 전체를 통찰하여 시공간 설계도를 그린다. (O)

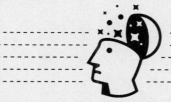

3장 시간통찰

시나리오로 사고하라!

연결고리 사고

하늘을 나는 연鳶이 있다. 연은 어디까지가 연일까? 날고 있는 연은 불어오는 세찬 바람을 가르고 부딪치고 피하고 타고 넘는 연이다.

춤추는 연은 얼레에 실로 단단히 묶여 있기에 자유롭다. 그러나 날지 않은 연이라면 도무지 어디까지가 연인지 생각할 수 없다.

몸통이 연일까? 꼬리까지 합쳐서 연일까? 아니면 연과 연결된 실까지 연일까? 혹 실로 연결된 얼레나 연 날리는 사람까지 연으로 쳐 주어야 할까?

분명한 건 이 모든 것들이 홀로 떨어져 있다면? 서로 연결돼 있지 않다면? 보이지 않는 관계를 맺고 있지 않다면 사람은 연을 날릴 수 없다는 사실이다.

어떤가? 당신은 살아 숨 쉬는 연, 자유롭게 춤추는 연, 서로 연결된 연을 보고 있는가? 바람의 무대와 얼레와 실과 몸통과 날개의 관계를 동시에 보는 감독의 시선을 가지고 있는가?

연결된 모든 것을 통째로 보는 창조자의 관점만이 연을 살아 춤

추게 할 수 있다.

얼레가 실을 잡고 실이 몸통을 잡고 몸통이 날개를 잡고 바람이 연을 잡을 때 연은 자유롭게 날 수 있다. 연이 하늘을 유영하며 지그재그로 날 수 있는 건 역설적이게도 보이지 않는 실에 잡혀 있기 때문이다.

존재하는 모든 것은 밖에서 밀고 안에서 당겨주니 서로 연결돼 있다. 그래서 살아있다. 다음은 드라마 「아저씨」에 나오는 아저씨와 여주인공 지안의 대화다.

아저씨 : 모든 건물은 외력과 내력의 싸움이야. 바람, 하중, 진동. 있을 수 있는 모든 외력을 계산하고 따져서 그것보다 세게 내력을 설계하는 거야.
아파트는 평당 300킬로 하중을 견디게 설계하고 사람들이 많이 모이는 학교나 강단은 하중을 훨씬 높게 설계하고, 푸드코트는 한 층에 있더라도 사람들 앉는 데랑 무거운 주방기구 놓는 데랑 하중을 달리 설계해야 하고. 항상 외력보다 내력이 세게.
인생도 어떻게 보면 외력과 내력의 싸움이고, 무슨 일이 있어도 내력이 있으면 버티는 거야.
지안 : 인생의 내력이 뭔데요?
아저씨 : 몰라.
지안 : 나보고 내력이 세 보인다면서요?
아저씨 : 내 친구 중에 정말 똑똑한 놈이 하나 있었는데, 이 동네

에서 정말 큰 인물 하나 나오겠다 싶었는데, 근데 그놈이 대학 졸업하고 얼마 안 있다가 뜬금없이 머리 깎고 절로 들어가 버렸어.

그때 걔네 부모님도 앓아누우시고, 정말 동네 전체가 충격이었는데……. 걔가 떠나면서 한 말이 있어. 아무것도 갖지 않은 인간이 되어 보겠다고.

다들 평생을 뭘 가져보겠다고 고생고생하면서 '나는 어떤 인간이다'라는 걸 보여주기 위해서 아등바등 사는데 뭘 갖는 건지도 모르겠고, 어떻게 원하는 걸 갖는다고 해도 나를 안전하게 만들어 준다고 생각했던 것들에, 나라고 생각했던 것들에 금이 가면 못 견디고. 무너지고.

나라고 생각했던 것들, 나를 지탱하는 기둥인 줄 알았던 것들이 사실은 진정한 내 내력이 아닌 것 같고, 그냥 다 아닌 것 같다고.

외력과 내력의 관계성에 창조성의 비밀이 들어 있다. 그러니까 이것과 저것 사이에 통찰이 숨어 있다.

일이라면 어떨까? 일에도 외력과 내력이 있다. 내력이란 내 눈앞의 일거리다. 내 일을 열심히 처리하는 것이다. 그러나 내력만으로는 내가 아무리 열심히 해도 언제든 뒤통수를 맞을 수 있다. 일의 외력이 배후에 숨어 있기 때문이다. 외력이 내력을 결정하는 세상의 작동원리에서 우리는 내력이 외력보다 약하다고 판단하면 금세 절망하고 포기한다.

왜냐하면 우리는 배후에 숨어 있는 외력을 통제할 수 없다고 믿기 때문이다. 그런데 만약 외력을 내력의 다른 면이라고 생각한다면 어떨까? 즉 외력과 내력이 동전 하나의 양면이라면 우리의 생각이 달라진다. 외력과 내력을 동시에 인지하고 동시에 통찰하고 동시에 통제하고 동시에 장악할 가능성이 커지기 때문이다. 외력을 내력의 일부로 받아들이는 순간, 나의 적이나 위협요소로 여기며 마냥 두려워할 일이 아니다. 쉽게 포기하거나 절망할 일이 아니다.

매 순간 외력인 바람에, 하중에, 진동에 연동하여 내력을 연마하며 그때그때 상황 전체를 장악하고 조율하고 연출하면 되는 것이다. 오히려 이런 외력을 능동적으로 활용한다면 우리는 스스로 바람을 타고 파도를 넘어 더 멋진 항해에 나설 수 있다.

기억하세요! 일의 내력과 외력에 대한 통찰

* 일은 내력이고 외력은 일의 위협요소다. (X)
* 일은 외력과 내력의 한 세트로 이루어져 있으며 내가 조율하고 연출할 수 있다. (O)

설계적 로직 트리 사고

아이디어 새싹과 창조결과 사이에 무엇이 있을까? 창조프로세스로 보면 '쑥쑥' 단계가 있다. 무슨 일을 하든 생각한 것이 구체적인 무언가로 만들어지려면 반드시 '설계도'라는 다리를 건너야 한다. 이른바 절차, 분류, 단계, 계획. 우선순위를 말한다. 남녀 프러포즈를 창조하더라도 반드시 설계도가 필요하다.

'나'와 '그'를 연결하는 사랑의 다리를 건설해야 한다. 나와 그 사이를 잇는 '다리'가 없다면 절대 사랑은 완성되지 않는다.

        [나]   [그]

반지를 전달하고 고백하기 위해 당연히 무대 전체를 통찰해야 한다. '나'와 '그'의 사이를 보아야 한다. 먼저 거리를 파악하고 물의 깊이를 알아야 한다. 물의 양과 물살을 살피고 그 사이에 놓을 다리를 건설할 설계도를 그려야 한다.

        [나] —————————— [그]

나와 그를 잇는 공통의 무대 위에 상판을 깔아 '나'와 '그'를 연결한다. 드디어 나와 그를 연결하는 길이 생겼다. 이제 서로가 통할 수 있게 됐다.

[나] □□□□□□□□□□□ [그]

다리 위를 달릴 차에 프러포즈 반지와 꽃다발을 싣고 '나'가 '그'에게 달려간다.

[나] ○▭○ [그]

드디어 '그' 앞에 차가 멈춰 선다. 트렁크에서 아름다운 꽃다발과 반지를 꺼내 프러포즈한다.

[나]♥[그]

프러포즈도 성공확률을 높이기 위해 설계도가 필요하다. 머릿속 아이디어만으론 어떤 창조도 이루어내지 못한다. 하지만 분류하고 그룹화하여 순서를 정하는 구체적인 설계도를 그려 진행하면 실현될 가능성이 커진다.

물론 일도 마찬가지다. 정교한 일의 설계가 효율성과 실현 가능성을 높인다. 생각이나 이야기를 전달하기 위해 정보와 지식을 비교하고 분류하고 통합하는 설계도를 우리는 '로직 트리(Logic Tree)'라고 부른다. 큰 분류와 작은 분류로 전개되는 나뭇가지 모양을 연상시킨다고 해서 '로직 트리'라는 이름을 붙였다.

이제 학교는 '프로그램 코딩(Program coding)'을 정규과목으로 가르친다. 이 코딩도 분류체계의 일종인 로직 트리라고 할 수 있다.

로직 트리 개념을 이해하고 매 순간 설계도를 그리는 사람은 어떤 일이든 성공해낼 가능성이 크다. 아이디어를 창조로 만들어내는 다리를 건설할 수 있기 때문이다.

더 중요한 건 아이디어를 주면 돈을 주지 않지만, 설계도를 주면 돈을 준다는 사실이다. 수익을 창출하고 부자가 되고 싶다면 로직 트리 설계도를 그릴 수 있어야 한다. 로직 트리를 설계하는 방식은 여러 가지가 있는데, 다음에 소개하는 다양한 로직 트리 스킬을 기억해둔다면 일하는 데 정말 큰 도움이 될 것이다.

①N분의 1(1/N) 세분화 기법 : 1계명, 2계명, 3계명 ~ 십계명처럼 내용이나 정보를 거의 똑같은 분량과 형식으로 적는다.

②1-3-1 기법 : 서론, 본론, 결론으로 나눈 후 본문은 다시 3가지로 분류한다.

③기승전결 기법 : 어떤 일이 시작되는 부분, 전개 부분, 상황의 전환되거나 극적 반전이 이루어지는 부분, 이야기의 마무리 부분으로 나누어 만든다.

④발단 - 전개 - 위기 - 절정 - 결말 기법 : 기승전결을 좀 더 자

세히 나눈 것으로 주로 소설과 같은 이야기에 사용한다.

⑤ 상황분석 - 문제 정의 - 솔루션 - 실행계획 - 기대효과 기법
: 기획서, 제안서를 작성할 때 자신의 아이디어나 주장을 논리적
으로 설득하는 과정을 반영한 설계도.

⑥ 계단식 전개 기법 : 1단계, 2단계, 3단계, 4단계, 5단계처럼 계단
모양으로 이어지도록 만든다.

⑦ 상중하 기법 : 상위그룹, 중간그룹, 하위그룹처럼 묶음으로 만
든다.

⑧ 테마별 분류기법 : 테마(주제, Theme)를 정해 그것을 기준으로
분류한다. 긴 것/짧은 것, 보이는 것/보이지 않는 것 등

⑨ 시간 흐름 기법 : 역사책 목차처럼 시간의 흐름 순서대로 만
든다.

기억하세요! 목표달성 전략

* 목표를 위해 열심히 노력한다. (X)
* 목표를 분류하여 실행 가능한 계획으로 설계하여 하나씩 해결해
  나간다. (O)

어디에(Where) 사고

지금으로부터 20년 전, 나는 신문광고에서 실린 인상적인 광고를 보고 문구를 수첩에 메모해 두었다.

"우리가 누구나 가지고 있는 성공을 위한 상식이 얼마나 잘못됐는지 보여 주겠다"는 이색적인 제목을 달고 있었는데, 광고 내용에는 먼저 사람들이 생각하는 상식을 이렇게 정의해 놓았다.

- 기획의 성패는 치밀함에 있다.
- 영업기술은 상대방을 설득하는 능력에 있다.
- 성공하기 위해 해당 분야의 최고 지식과 기술을 갖춰야 한다.

그런데 그 아래에는 이 세 가지 주장들에 대해 조목조목 반박을 하고 있었다. 대충 요약하면 이런 내용이다.

• 기획의 성패는 치밀함? …… 치밀한 기획이 필요한 사람은 월급쟁이 기획자일 뿐이다. 정말 중요한 역할을 하는 사업가는 어디에 보물이 묻혀 있는지 찾는 것이다. 사업가는 치밀한 기획자의 자질이 아니라 성공을 위해서는 즉각 보물을 찾아내는 후각이 더 필요하다.

- 영업기술은 설득의 기술? …… 최고의 영업 전략은 사람을 설득하는 기술에 있지 않다. 설득이란 상대에게 피해를 주거나 시간을 빼앗는 일이다. 이것은 하수 비즈니스맨들이나 하는 방법이다.

- 경영자는 최고의 전문가? …… 해당 분야에서 최고의 기술을 가진 전문가만이 사업에 성공할 수 있다고? 그렇지 않다. '노하우(Knowhow)'를 가진 전문가보다 어디에 성공할 수 있는 일이 있는지(Where)를 발견할 줄 아는 전문가가 훨씬 성공 가능성이 큰 사람이다. 성공한 많은 벤처인, 기업인들을 보라. 그들은 해당 분야의 최고 기술자가 아니다. 하나같이 트렌드를 정확히 읽고 그 기회를 놓치지 않는 이가 대부분이다.

몇 번 반복하여 읽다 보면 이유가 충분히 이해가 된다. 쉽게 풀어서 다시 정리해 보자. 최고의 영업은 고객에게 피해가 아니라 이익을 준다. 이익을 주기 위해선 어떻게 해야 할까? 바로 물건을 절실히 필요로 하는 사람, 즉 물건을 팔 수 있는 사람을 발견하는 요령을 터득해야 한다. 그러기에 설득의 기술을 배우지 말고 발견의 기술을 배워야 한다. 물건이 필요한 사람들이 지나다니는 길목에서 물건을 팔 수 있는 능력이 있어야 최고의 장사꾼이다.

당시 이 '삐딱한' 시선의 광고는 사회 초년생이었던 나에게 큰 깨달음을 주었다. 그 후 모두가 '예스'라고 생각하는 것을 다시 생각하고, 누구나 의심 없이 믿는 것에 대한 상식을 깨려고 했으며, 보이는 것들을 그대로 믿지 않고 새롭게 보려는 것들에 더 눈길을 주려고 노력했다.

예전에 서점에 가면 "거꾸로 읽는……"이라는 제목의 다양한 책들을 만날 때도 비슷한 느낌이 든 적이 있다. 그런 책들은 우리가 교과서에서, 수많은 교육과정에서 접한 익숙한 것들을 다른 시각 혹은 반대의 시각으로 접근해 보여준다.

한때 로버트 기요사키의 『부자 아빠 가난한 아빠』(황금가지)라는 책에 많은 사람이 열광했다. 이 책이 사람들을 부자로 바꾸어 주었는지는 알 수 없지만, 부자에 관한 생각을 다양한 관점에서 제시했다는 점만큼은 의미 있다고 생각한다.

사실 사람은 대부분 '사회 속 바람직함의 심리'를 가지고 있으므로 남들과 다르게 튀거나 엉뚱한 사고를 하는 게 쉽지 않다. 사람의 두뇌활동 구조는 오랜 세월 교육을 받아온 대로 순리적으로, 사회가 원하는 순방향으로 사고하려는 경향이 매우 강하다. 이런 사고의 틀을 가끔 깨고 나와 전체 프로세스를 볼 수 있는 포지션에 올라설 수 있어야 한다.

그렇다면 세상을 다르게 볼 수 있는 능력은 어떻게 갖출 수 있는 것일까? 먼저 내가 삶과 일의 주인으로 끊임없이 '새것'을 발견하겠다는 목표가 필요하다. 우연히 스치는 현상, 우연히 바라본 특별한 그림, 언뜻 듣는 일상적인 대화 속에서 남과 다른 관점으로 '새로운 아이디어'를 발견할 수 있어야 한다.

그러자면 익숙한 것을 그저 익숙하게 받아들여선 안 된다. '낯선' 그리고 '다름'의 시각으로 자꾸 다르게 보는 습관이 결국 새로운 시각을 만드는 긍정적인 '삐딱한 관점의 인간'으로 만들어 줄 것이다.

> **기억하세요! 발상의 전환**
>
> * '노하우(Knowhow)'를 가진 전문가 (X)
> * 성공할 수 있는 일이 '어디에(Where)' 있는지를 발견할 줄 아는 전문가 (O)

문제 발견적 사고

고대 철학자 소크라테스는 변론술이나 말재주를 가르치는 소피스트(Sophist)들에게 끊임없이 질문하고 답변을 유도하는 과정을 통해 스스로 자신의 모순을 깨닫도록 이끌어주는 '산파술産婆術'을 활용했다.

플라톤은 '동굴의 비유'를 들어 현상 뒤에 반드시 본질인 '이데아(Idea)'가 숨어 있다고 주장했다. 아리스토텔레스는 인식을 체계화시키는 데 필요한 논리적인 추리형식으로서 '3단논법(대전제, 소전제, 결론)'을 확립하여 형식논리학의 기초를 닦았다.

데카르트는 『방법서설』에서 문제의 본질을 추적하는 방법으로 첫째 의심하라, 둘째 분류하라, 셋째 통합하라, 넷째 재설계하라 등 4가지 진리탐구 프로세스를 제시한 바 있다.

이들 고대 철학자들의 공통점은 무엇일까? 그들은 무엇을 찾아 그토록 헤맸을까? 분명한 건 그들 모두 치열하게 보이지 않는 문제의 근원을 추적하려고 했다는 점이고, 하나같이 '창조프로세스'에서 그 답을 찾으려 했다는 사실이다.

어떻게 문제를 잘 발견하고 솔루션을 효과적으로 찾아낼 수 있을까? 아무리 꼬아 놨다 해도 학교 시험 문제는 단편적인 지식과 정보를 중심으로 이해할 수 있게 출제되어서 풀 수 있지만, 인생 문제는 그리 간단치 않다.

철학자들은 겉으로 보이는 문제를 해결하려 하지 않았다. 보다 본질적이고 근원적인 문제를 찾아내 그것을 해결할 때 비로소 문제가 완전히 해결되고 진리에 도달할 수 있다고 믿었다. '의심하고 의심하라!', '생각한다. 고로 존재한다'는 이야기는 부분이나 보이는 것만 보는 배우관점으로 문제를 해결하지 말라는 철학적 메시지인 셈이다.

한 번쯤 거꾸로 생각해 볼 일이다. 꽉 쥔 주먹을 펴야 새로운 걸 잡을 수 있듯, 눈앞의 문제에서 한 발 물러서야 근원적인 문제를 바라보는 관점을 얻을 수 있다. 일단 해결할 문제를 잠시 뒤로 미뤄두라. 그리고 우리 발밑의 문제가 있는 무대 전체를 찬찬히 살펴

보라.

무대는 공간과 시간을 드러나게 하여 우리에게 생각지도 못한 통찰을 던져준다. 보이는 결과의 문제에서 보이지 않는 전체 프로세스 문제로 바꿔준다.

"진짜 근원적 문제는 뭐지?"

우리가 출발점에서 서는 순간 본질과 만날 수 있다. 비로소 던져진 문제에 벗어나 진짜 문제를 바라볼 수 있게 된다. 문제 발견력이다. 그게 창조의 진짜배기다.

"아이디어 기획서를 준비하면서 가장 어려웠던 것은 주제를 정하는 일이었습니다. 처음에는 참신한 해결책을 내는 일에만 집중했지만, 왠지 자꾸 설득력이 떨어졌습니다. 굳이 그 일을 왜 해야 하는지 명확하지 않은 채 대안만 제시하려 했던 거죠. '무엇을 할 수 있을까'에 집중하기보다 '왜 이 아이디어가 필요한가?'에서 시작할 필요성을 느꼈습니다. 그래서 개선이 절실한 사회적인 문제를 찾기 위해 다시 처음부터 자료조사와 브레인스토밍을 하는 데에 시간을 많이 들였습니다."
_ 한 기업 아이디어 공모전 대상 수상자 인터뷰 중에서

문제를 잘 이해하면 단기적이든 장기적이든 답은 반드시 나온

다. 문제는 '그 문제가 본질적인 문제인가?' 하는 점이다. 진짜 근원적인 문제를 통찰하려면 어떻게 해야 할까? 답은 창조프로세스에서 이미 나와 있다.

- 모든 문제는 창조프로세스를 거쳐서 발생한다.
- 모든 문제는 반드시 공간설계와 시간설계를 거쳐 나왔다.
- 어떤 결과가 어떤 공간적 설계와 어떤 시간적 설계를 거쳐 왔는지 파악할 수 있다.
- 그 시공간 설계는 6가지 핵심요소들 하나로 연결되고 조합돼 있다.
- 모든 문제는 다양한 조합의 관점이 하나로 연결돼 창조된다는 전제 안에 어떤 하나 이상의 요소나 둘 이상이 잘못 조합되었을 때 생기는 창조법칙에 따른다.

이 긴 문장들을 요약하면 이렇게 된다.

[끈끈이 무대 → 두근 + 두근 → 착상 → 쑥쑥 → 문제 발생]

세상만사 모든 문제는 필연적으로 이 프로세스 안에서 발생한다. 만약 눈에 보이는 드러난 문제를 열심히 노력하여 쑥쑥값을 해결해 놓으면 뒤에 숨어 있던 착상이 불쑥 튀어나와 뒤통수를 치고, 착상값을 해결하면 상대나 제약, 모순의 특징을 가지고 있는 다른 두근값이 뒤통수를 치며 달려든다. 두근두근값으로 문제를 해결하더라도 우리가 발 딛고 있는 무대가 나서서 판을 뒤엎으며 다시 문제를 일으킨다.

"아하! 일에 관한 교과서를 쓴다면 첫 장 첫 페이지에 이렇게 문제 발생의 메커니즘을 실어야겠군."

모든 일이 배후에 연결고리 패턴으로 관계를 맺고 있다는 사실을 사전에 직장인들에게 알려 주어야 한다. 이 사실을 알고 있다면 우리는 '문제'를 훨씬 더 잘 통찰할 수 있다.

이미 지나간 눈에 안 보이는 일의 시간적 흐름이 더 잘 보이고 → 공간을 확장한 전체를 더 잘 이해하게 되며 → 문제가 생기는 전 배후 전제조건들을 사전에 포착할 수 있으며 → 사건의 시공간 전체 설계도를 한눈에 체크하여 6가지 요소를 좀 더 면밀하게 확인할 수 있게 되며 → 결국 근원적인 문제를 훨씬 더 잘 이해하고 해결할 수 있게 되는 것이다.

창조프로세스 사고는 문제를 장악하고 해결하는 힘을 키워주는 문제해결 컨트롤러(Controller)다. 마치 텔레비전 리모컨을 쥐고 있다면 텔레비전을 손쉽게 조종할 수 있는 것과 같다.

자동차를 통제하는 문제라면?

- 끈끈이 무대 : 기름 가득 채워줄까 말까. 출발 통제
- 두근 + 두근 연결조합 : 키로 엔진을 꺼버렸거나 배터리가 방전 됐거나 기어가 중립이거나 시동 통제
- 착상 : 핸들 잡은 사람이 방향은 맘대로!
- 쑥쑥 : 액셀과 브레이크로 속도 통제
- 결과 : 도착지는 내 맘대로

　자동차의 이것들을 모두 통제할 수 있다면 룰루랄라 신나게 운전할 수 있다. 세상 만물의 모든 문제는 하나같이 이렇게 창조되고 이렇게 컨트롤 된다.

　권투선수가 바닥에 쓰러져 고통스러워한다. 문제의 원인은?

- 끈끈이 무대 : 링에 올라갔기 때문이며,
- 두근 + 두근 연결조합 : 자신보다 센 상대와 만났기 때문이며,
- 착상 : 상대의 카운트펀치를 허용했기 때문이며,
- 쑥쑥 : 잽을 계속 맞았기 때문이며,
- 결과 : 참을 수 없는 고통을 뇌가 느꼈기 때문이다.

　이렇게 문제를 프로세스로 인식했다면 권투선수가 고통의 문제를 해결하는 방법은 무엇일까? 답이 저절로 나온다. 링이라는 끈끈이 무대에 올라가지 않으면 되고, 링에 이미 올라갔다면 상대보다

무조건 세야 하고, 그게 아니면 맞아도 참을 수 있는 맷집을 키우거나 카운트펀치를 허용하지 말아야 하며, 그것도 아니라면 사소한 잽이라고 최대한 피해야 한다. 끝내 너무 두들겨 맞아 참을 수 없는 고통을 줄여보려면 빨리 진통제를 먹는 수밖에 없다.

비즈니스의 모든 문제도, 고통의 문제도, 조직 관계의 문제도, 마음의 문제도, 기계의 문제도, 병의 문제도 발생하는 창조프로세스 패턴은 모두 같다.

이 패턴을 알고 있으면 이전보다 우리는 일이나 문제의 본질을 훨씬 잘 통찰함으로써 일과 문제를 더 잘 장악할 수 있다.

일을 잘하고 문제를 잘 해결하고 싶다면 지금 우리 일이나 직무의 문제 발생 프로세스를 그려라. 단계와 요소에서 발생하는 문제들의 매뉴얼(manual)을 정리해 보라. 그러면 문제들을 훨씬 더 창의적으로 극복하고 예방할 수 있다.

> **기억하세요! 문제를 장악하는 통찰**
> * 보이는 결과값의 문제를 해결하라! (X)
> * 일 창조프로세스에서 문제 발생 과정을 통찰하여 문제를 해결하라! (O)

확률적 사고

부산국제광고제 애드스타(AD STAR) 금상 작품 중에는 타이드 립스틱(Tide Lipstick)이라는 한 세제 제품의 광고(인도)가 있었다. 전 세계 광고 중 최고 1%로 뽑힌 이 광고는 독특하고 재미있다. 실제 잡지의 양면을 활용해 광고상황을 독특하게 설정했는데, 잡지를 넘기다 보면 양면이 살짝 붙어있는 광고페이지가 나온다.

양면이 접착된 부분은 새하얀 와이셔츠를 입은 남자의 가슴 위와 빨간 립스틱을 바른 여성의 입술이 딱 겹쳐져 있다. 접촉된 부분을 떼면 그저 한 쪽은 새하얀 와이셔츠를 입은 남자와 다른 면은 여성의 모습이 근심과 놀라움의 표정으로 펼쳐진다.

아무런 메시지 없이 광고 한 쪽에 작은 세제 브랜드 로고가 박혀 있을 뿐이다. 여성의 립스틱이 새하얀 와이셔츠에 붙더라도 이 세제라면 감쪽같이 없어진다는 메시지를 아무런 설명 없이 실제 잡지의 페이지를 이용하여 재미있게 연출하여 보여준 것이다. 광고제 측의 이 광고에 대한 평을 들어보자.

"오늘날 혼잡한 미디어 환경 속에서는, 그 혼란을 깨고 우리를 광고에 직접 관여하게 만들 만한 아이디어가 필요하다. 흔히 잡지 광고는 평면적인 미디어로 이미지를 보여주지만, 이 광고는 잡지 광고에 인터렉티브한 생명력을 불어넣었다. 작은 스티커를 사용해서 두 면이 잠깐 붙었다 떨어지게 만들어서 남성의 와이셔츠에 립스틱이 묻었을 것이라 예상되는 우리의 생각을 깨고 완벽하게 얼룩이 제거된다는 사실을 시뮬레이션해 준다. 평면적 매체를 인터렉티브하게 바꾸어 독자가 참여하게 만드는 흠 잡을 데 없는 완벽한 금상 감이다."

나는 이 광고를 소개하면서 사람들에게 이렇게 물어본다.
"이 광고를 만든 광고 크리에이터는 과연 어떤 사고를 거쳐 이 같은 콘셉트를 잡을 수 있었을까요? 자, 지금부터 여러분이 이 광고를 만든 사람의 머릿속에 들어가 한 번 생각해 보세요."

내 풀이 과정은 이렇다.
"이 광고의 크리에이터는 과거 언제인지는 모르지만, 미용실 같은 곳에서 오래된 책이나 관리가 안 된 잡지들을 보다 불순물 때문에 짝 달라붙어 있는 페이지를 떼어본 경험이 있었을 것입니다. 그것을 떼었을 때 붙어 있던 부분이 종이 표면을 벗겨낸 기억도 떠오를 것입니다. 이런 과거의 기억, 즉 잠재된 기억이 자신도 모르게 내재돼 있는 상태에서 그는 제품의 광고를 기획하는 업무를 맡아 제품의 특성과 자료를 분석하고 조사해 나갔을 것입니다. 뭐든 감쪽같이 깨끗하게 만드는(예를 들어 흰 와이셔츠에 립스틱 자국, 바지에 아이스크림을 엎은 상황 등) 이 제품의 특징(현재 정보)을 살펴보면서 몇 날 며칠을 생각하고 또 생각했을 것입니다. 그리고 점점 이 정보들에 몰입하고 거의 일에 미쳐 지내면서 뭔가 색다른 광고를 만들기 위해 애썼을 것입니다. 그러던 어느 순간 다양한 정보들이 섞여 머릿속에 새로운 조합이 이루어졌을 테지요. 어느 날 문득 이 광고의 콘셉트가 마치 번개처럼 '번쩍' 뇌리를 스쳤을 것입니다. 바로 잡지가 붙어 있는 것을 떼려던 과거의 기억과 현재 제품의 특성 등이 서로 조합되면서 광고 아이디어가 떠올랐을 것입니다."

이번에 소개할 내용은 캐나다의 골드코프라는 금광회사에 관한 이야기다. 이 회사는 한때 신규 금광 지대를 찾지 못해 심각한 위기에 봉착한 적이 있다. 밤낮 이 문제를 고민하던 골드코프의 맥이웬 사장은 멋진 아이디어를 생각해 냈다.

그는 자사가 보유한 총 6천7백만 평에 달하는 광산 정보를 모두 웹사이트에 공개한 후, 총 57만 달러의 상금을 내걸고 '금 매장지역 발굴 콘테스트(Contest)'를 개최하는 아이디어를 내놓았다.

맥이웬 사장의 결단은 이전의 사고방식으로 보면 이것은 완전히 미친 짓이었다. 회사가 보유한 정보데이터를 세상에 공짜로 내놓았으니 말이다. 그러나 결국 그의 판단은 옳았다. 아이디어 모집이 시작되자 전문 지질학자는 물론 컨설턴트, 수학자, 군 장교까지 참여했다.

수많은 사람의 아이디어가 모였고 총 110곳의 유력후보지를 찾아냈다. 놀랍게도 이 새로운 후보지의 80% 이상에서 상당량의 금이 쏟아져나왔다. 1억 달러의 저조한 실적을 내던 골드코프사는 순식간에 매출 90억 달러의 대형 기업으로 탈바꿈하는 데 성공했다.

이런 기막힌 영감을 끌어낸 맥이웬 사장의 사고 메커니즘은 무엇이었을까? 영상을 거꾸로 돌려 맥이웬 사장이 의자에 깊숙이 몸을 묻고 깊은 생각에 빠져있을 때로 돌아가 보자. 그때 창조적인 아이디어 하나가 번쩍하고 떠올랐다.

"골드코프 직원들이 광산에서 금을 찾을 수 없다면, 누군가 다른 사람이 할 수 있지 않을까."

맥이웬은 얼마 전 자신이 참가했던 리눅스에 대한 강의가 머리를 스쳐 지나갔다. 그날 특강은 젊은 경영자들을 위한 MIT 강연회였는데, 우연히 이 자리에서 리눅스 사례를 듣게 됐다.

리누스 토발즈와 자진해서 얼기설기 모여든 수많은 소프트웨어 개발자들이 세계적 수준의 컴퓨터 운영체제를 개발하여 인터넷에 퍼뜨렸다는 이야기였다.

문득 맥이웬 사장의 머릿속에 아이디어가 떠올랐다. 리눅스에 관한 정보공개 성공사례와 광산에 대한 정보를 연결했다. "리누스 토발즈가 리눅스의 소스를 '공개'했던 것과 마찬가지로 금광의 모든 정보를 많은 사람에게 공개하면 어떨까?" 하는 영감이 '번쩍' 하고 떠올랐다.

모든 일은 두근과 두근의 우연성의 연결이 필연적으로 존재한다. 이 우연의 요소는 쉽게 정의할 수 없고 논리적으로 설명하기 힘들며 눈에 잘 보이지도 않는다. 그러나 그것은 분명히 존재한다. 확률에 있을 뿐이다.

잠재적인 가능성의 세계이기 때문에 그저 '우연'이라 이름을 붙인 것뿐이다. 눈에 안 보이는 확률과 양자의 세상을 통찰하고 서로 다른 것이 잘 연결되고 조합되도록 의도적으로 확률을 높여갈 수는 있다.

우리는 우연히 태어났고 우연히 만났고 우연히 알게 됐다. 또한, 그것을 잘 변주하여 새로운 일을 만들고 부를 얻는다. 무엇이 창조되는 절차에는 우연과 필연이 뒤섞여 있다. 미래는 확정되지 않았다. 문제는 '우린 우연성을 믿을 것인가? 필연성을 믿을 것인가?'이다. 답은 필연성이다. 그래야 미래로 나아가기 위해 주도적으로 일을 장악하고 변주할 수 있기 때문이다.

우리는 매 순간 미래 성공의 확률을 높여나가는 방향으로 프로세스를 설계하고 창조와 혁신에 도전할 수 있다. 확률을 높이기 위해 열린 마음이 필요하다. 또 언제 어디서든 두근두근 만남을 고대하고 준비하고 있어야 한다.

> ┌─ **기억하세요! 문제를 장악하는 통찰**
> │
> │ * 노력이 운명을 바꾼다! (X)
> │ * 만남이 운명을 바꾼다! (O)
> └─

시나리오 사고

미국 금융대란이 있었던 지난 2007년으로 돌아가 보자. 은행들이 주택을 담보로 누구나 쉽게 또 싼 이자로 돈을 빌려주는 이른바 주택담보대출로 발생한 미 금융위기를 사전에 정확하게 예측한 사람이 있었다.

　그는 바로 누리엘 루비니(Nouriel Roubini) 뉴욕대 스턴경영대학원 교수다. 그는 미 금융위기가 발생하기 훨씬 전인 2006년 9월 7일, 세계적인 이코노미스트들이 모인 국제통화기금(IMF) 연단에서 미국의 금융대란을 예고했다.

　"위기가 몰려오고 있다. 향후 몇 개월, 몇 년간 미국은 평생에 한 번 있을까 말까 한 주택시장 붕괴와 오일쇼크, 소비심리의 가파른 추락으로 결국에는 깊은 경기침체에 빠질 것이다."

　이어 그는 경기침체 예고를 넘어 "곧 주택 소유자들은 모기지 디폴트에 빠질 것이며, 이로 인해 전 세계의 수조엔 규모의 '모기지담보부증권(MBS)' 시장이 무너질 것이다. 글로벌 금융시스템은 휘청거리다가 정지될 것이다. 이 같은 사건들은 헤지펀드와 투자은행 및 패니메이와 프레디맥과 같은 주요 금융기관들의 기능을 마비시키거나 파괴할 것이다."라고 경고했다.

그의 말에 참석자들은 대부분 코웃음을 쳤다. 왜냐하면, 당시만 해도 미국의 실업률과 물가상승률은 모두 안정적이었고, 주택시장도 정체 국면이긴 했지만, 경제는 여전히 견실한 성장세를 유지하고 있었기 때문이다.

그러나 연설이 있은 다음 해 실제 그의 예측대로 '미국 서브프라임 모기지(비우량 주택담보대출) 부실 사태'가 터지면서 미국 금융계는 아수라장이 됐다. 신용도가 낮은 사람들에게 주택을 담보로 돈을 빌려줬던 은행들부터 대형은행까지 연달아 파산하기 시작했다.

급기야 2007년 4월 미국 2위 모기지업체인 뉴센추리 파이낸셜에 이어 같은 해 8월에는 업계 10위인 AHMI가 파산보호를 신청할 정도였다.

이 여파로 모기지 파생상품으로 기생하던 헤지펀드들 역시 도미노 현상처럼 줄줄이 무너지기 시작했고, 미국 전체 주식시장은 급락했다. 실업률은 가파르게 상승했고 기축통화인 달러 가치는 추락했다. 미국 비우량주택담보대출에서 시작한 신용경색은 미국에만 그치지 않고 즉각 세계 경제를 대공황 이래 최악의 사태로 몰아갔다.

루비니 교수의 예측은 정확히 현실에서 실현됐다. 그는 예언자인가? 미래학자인가? 아니면 점쟁이인가? 그는 과연 어떻게 이런 예측을 해낼 수 있었을까? 그리고 그의 머릿속에는 어떤 일들이 벌어졌던 것일까? 나는 그것이 궁금해 루비니 교수를 연구해 보았다.

일단 그가 남달랐던 요소들을 찾아보면 우선 경제학자였다는 점이다. 수많은 미국 경제 관련 데이터와 고급정보들을 가지고 있었을 것이다. 그러나 그 점이 그만이 정확한 금융위기의 예측을 해낸 비법이라고는 설명할 수 없다. 다른 경제전문가들도 얼마든지 확보할 수 있는 정보이기 때문이다. 그렇다면 그가 남들과 확연히 달랐던 무엇이었을까? 나는 그가 창조프로세스로 사고했다는 점을 들고 싶다. 그가 언론에 인터뷰한 내용을 직접 들어보자.

"미국 연방준비제도(Federal Reserve System)가 집을 사면 공짜수준으로 돈을 빌려줄 정도로 금리를 거의 제로로 내린 2003년 이후 불기 시작한 차입 열풍을 연구하자 주택시장의 거품이 포착되었어요. 결국, 거품이 터질 수밖에 없습니다. 쉽게 돈을 빌릴 수 있고 많은 사람이 마구 돈을 빌렸다면 언젠가는 그것을 갚아야 합니다. 그러니 시간이 흐르면 당연히 한꺼번에 갚아야 하고 집중적으로 몰리는 상환 시점도 있을 것입니다. 만기 상환 시점을 바로 2007년 전후로 봤고 이때 주택거품이 터지면, 이때 금융경제 전반에 큰 재앙이 닥칠 수도 있다는 결론을 내리게 됐습니다."

쉽게 설명해 보자. 당시 미국에선 자기 돈 10%만 있으면 은행에 대출을 끼고 집을 살 수 있었다. 집값은 오르고 있고 거의 공짜로 은행 돈을 빌릴 수 있는데, 집을 사지 않으면 바보 취급받을 정도었다.

당연히 너도나도 마구잡이로 은행 돈을 빌려 집을 샀다. 그런데 집값이 마냥 오르진 않는다. 집값이 내리고 대출금 만기상환 시기가 동시에 온다면 어떻게 될까? 누리엘 루비니 교수는 머릿속에는 다음과 같은 시나리오를 작성했다.

<미 모기지론 사태의 전체 시나리오>

무대 2003 주택담보대출	두근+두근 집값 상승 + 싼 이자	착상 대출 붐, 집값 하락	쑥쑥 4~7년 뒤 상환 몰리는 시점 도래	결과 2007 모기지론 사태 발생

루비니 교수가 다른 전문가들과 달랐던 점은 과거, 현재, 미래를 동시에 하나로 통합하여 사고하는 시나리오 사고를 했다는 점이다.

알아두세요. 시나리오로 생각하는 법

* 고정관념 사고 : 드러나는 부분인 결과값만 인식한다. (X)
* 창의적인 사고 : 세상만사 모든 것을 발단-전개-위기-절정-결말로 인식한다. (O)

예측적 사고

쉽게 알 수 없는 미래다. 앞으로 일어날 일을 어떻게 알 수 있단 말인가? 그러나 분명 예측의 세계는 있다. 예측을 가능케 하는 생각의 스킬이 있기 때문이다. 이런 것들이다.

- 예측은 '세상이 프로세스'라서 가능하다. 세상은 봄, 여름, 가을, 겨울처럼 시간적 프로세스로 작동하니 흐름을 읽을 수 있어 예측할 수 있다.
- 예측은 '패턴' 때문에 가능하다. 패턴이 반복된다면 당연히 예측할 수 있다.
- 예측은 '경향성'을 읽을 수 있어 가능하다. 특정 성격이나 기질이 있다면 그것이 발현되는 방향으로 예측할 수 있다. 외향적인 사람은 외향적으로 방향으로, 내성적인 사람은 내성적인 방향으로 움직이니 예측할 수 있다. 소설가들은 명리학의 음양오행이나 에니어그램을 통해 등장인물의 캐릭터를 창조하고 인물의 일관성과 예측성을 부여한다.
- 예측은 '관성의 법칙' 안에서 가능하다. 인간은 하던 대로 하는 습성이 있다. 진행 방향으로 에너지가 움직일 때 그 방향으로 계속 가려는 경향 때문에 예측할 수 있다.

- 예측은 '확률' 때문에 가능하다. 세상은 확률로 작동되며 확률은 수학이다. 주사위를 던져 나올 눈금의 확률은 당연히 6분의 1로 예측할 수 있다.
- 예측은 '만남'에서 중요한 변곡점을 갖기에 가능하다. 어떤 사람이 누구를 만나 가슴 뛰느냐에 따라 운명이 달라진다. 변곡점에는 반드시 만남이 있다. 만남과 변곡점을 관찰하여 예측할 수 있다.
- 예측은 '시공간 설계'를 장악함으로써 가능하다. 미리 미래 결과값을 만들어 놓고 현재와 미래 사이를 잇는 시공간의 계단들을 구축해 나가면 미래가 곧 현실이 된다.
- 예측은 우리가 발 딛고 있는 '끈적끈적 무대' 때문에 가능하다. 판이 상황을 통제한다. 끈끈이 무대와 환경이 그 위에 벌어질 상황이나 인간의 다음 행동에 영향을 미친다.

보통사람들은 예측이 막연하고 불가능하다고 믿지만, 예측력을 키울 수 있는 수많은 판단 도구들이 이렇게 많다.

결론은? 이것이다. 세상은 복잡하다. 낱개로 하나하나 쪼개서 보면 너무 많다. 복잡하다. 복잡계 이론이 나왔다. 복잡계 사회에선 당연히 미래를 예측할 수 없다. 하지만 반대로 생각할 수 있다. 단순하게 패턴으로 보면 어떨까? 창조프로세스로 어떤 문제를 볼 수 있다. 일단 예측할 수 있는 무대의 범위를 정하고 그 범위를 감독의 관점에서 장악하여 바라보면 흐름과 패턴을 읽을 수 있고 앞으로 일어날 일에 대한 예측이 가능하다.

한 방송에서 대학생 예비투자자들의 멘토로 나선 한 유명 주식 투자 전문가가 자신의 투자 성공 일화를 젊은이들에게 들려준 적이 있었다. 이야기는 이랬다.

어느 날 그의 아내가 봄에 '제습기' 하나를 홈쇼핑에서 구매했다. 그런데 제습기의 배송이 너무 지연됐다. 한참을 기다린 끝에 배달원이 왔다. 택배 직원에게 '왜 이렇게 배달이 늦냐?'고 불만을 이야기하자, 제습기 배달이 너무 많이 밀려있어 지금 배달이 많이 지연되고 있다는 것이다. 이 멘토는 아내에게 택배 직원의 말을 전해 듣고 남과 다른 창조프로세스를 작동시켰다.

"사람들이 요즘 제습기가 엄청나게 주문하고 있다고? 제습기 주가가 곧 오르겠네!"

• 일반적 사고 : 제습기 배달이 많아 배송이 지연되어 죄송하다는 말
• 예측적 사고 : 제습기주식시장 (제습기 판매급증 + 제습기회사들의 수익상승)

제습기 배달이 폭주해 지연됐다는 것은 택배 직원 관점에서 보면 '힘든' 결과값이지만, 제습기 주식시장의 무대 관점에서는 창조적 사고의 훌륭한 퍼즐 조각이 되는 것이다.

- 무대 : 주식시장의 히트상품과 주가 추이
- 두근 + 두근 연결 : 제습기 판매급증 + 제습기회사 수익 확대
- 착상 : 제습기회사 재정 건전성 확대
- 쑥쑥 : 제습기회사 가치 상승
- 창조 : 제습기 주가 상승 주식

낱개의 퍼즐 조각들이 완전하게 세팅되어 창조프로세스로 완성되는 순간, 그는 제습기 주식에 투자하기로 했다. 물론 그의 예측은 정확하게 맞아떨어졌다. 얼마 지나지 않아 정말 제습기 관련 주가가 치솟기 시작했다.

한 청년 투자자는 고등학교 때 메가스터디에서 인터넷 강의를 수강한 경험을 바탕으로 '이거 너무 좋은데'라는 생각에 메가스터디 주식을 사서 9개월여 만에 2배에 가까운 이익을 거뒀다. 여동생과 롯데백화점에 갔다가 생각보다 훨씬 많은 여성이 쇼핑하는 것을 현장에서 보고 롯데쇼핑에 투자해 50% 이상의 수익을 냈다.

또 한 인터넷서점에 투자한 적이 있었다. 그 이유는, 평소 책을 많이 읽다 보니 이 인터넷서점을 자주 이용했는데, 값이 저렴하고 배송이 정말 빨라서 이 온라인서점에 대한 '자신의 만족감'이 높았기 때문이었다. 그는 1,000만 원어치 샀고 1년여 뒤에 팔아 3배에 가까운 수익을 올렸다.

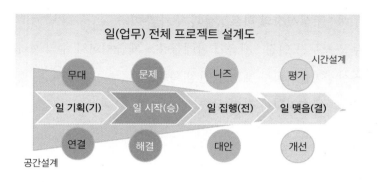

일은 프로세스다. 모든 일은 반드시 이전 단계, 현재 단계, 다음 단계로 이어지고, 서로 연결고리로 이루어져 있다. 일은 관계를 맺으며 전개되고, 개별적인 업무와 사람이 서로 연결되니 흐름이 생기고 그래서 프로젝트 안에선 예측할 수 있다.

예측력을 키우려면 일이나 업무의 처음과 끝의 프로세스를 단계별로 설계하여 각 단계의 연결조합을 장악하고 있어야 한다. 관심 무대 혹은 일의 비즈니스 무대 범위를 정해 두고 그 위에 벌어질 사건들의 공간설계와 시간설계를 정리해 본다. 일의 시공간 설계도를 손 위에 올려놓고 보면 그 무대 안에서 벌어질 다양한 일들을 예상할 수 있다. 예측력은 저절로 향상된다.

> **알아두세요. 예측하는 법**
> * 막연하게 앞날을 예측한다. (X)
> * 창조프로세스 범위를 정한 후 그 범위 내에서 예측한다. (O)

142

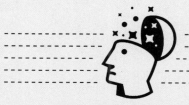

4장 성공패턴통찰

우선 작은 창조를 완성하라!

통합적 사고 모형

한 치 앞도 내다보지 못하는 게 인간이다. 눈으로 보고 '맞다'고 확신하는 생각은 대부분 틀리다. 아침에 해가 떠오른다고 천동설이 진리는 아니다.

화려한 드레스를 입는 것과 티셔츠에 반바지를 입는 것 중 어느 것이 더 나은가? 둘 중 보이는 것으로 판단하면 화려한 드레스를 선택하기 쉽지만, 해수욕장이 무대라면? 당연히 티셔츠에 반바지가 더 잘 어울린다. 보이는 개별요소로 판정하면 그것은 참일 수도 있고 거짓일 수도 있다. 그러나 보이지 않는 관계를 통찰하여 판정하면 어느 것이 진리에 가까운지 판정할 수 있다.

인간은 먼저 보이는 개별요소로 생각하고 의사결정을 하려 든다. 그러므로 자신이 옳다고 쉽게 확신하는 대부분의 생각에는 이미 오류가 포함되어 있다. 뇌는 보이는 것, 부분, 낱개로 인지하여 판단하기 때문이다. 그 인식체계의 오류를 받아들여야 우리는 진리에 도달할 수 있다.

보이지 않는 관계로 보면 오늘의 참이 내일의 거짓이 될 수 있다.

오늘의 작은 승리가 내일의 큰 실패로 이어질 수도 있다. 이런 상황에서 우리가 '합리적'이라고 생각하는 상식이 정말 옳다고 확신할 수 있는가? 우리를 생각의 위험에 빠뜨리게 하는 건 비합리적인 것들이 아니다. 오히려 합리적으로 판단했다는 확고한 믿음일 수도 있다. 예를 들어보자.

혹시 중국을 지배한 지도자 마오쩌둥(毛澤東)의 참새소탕 작전을 들어본 적은 있는가? 마오쩌둥은 자신의 한 마디가 중국에 큰 재앙을 몰고 오리란 걸 꿈에도 예상하지 못했을 것이다. 마오쩌둥은 쌀 수확량이 자꾸 줄어들자 그 원인을 찾으라고 지시했다.

벼 이삭을 쪼아 먹는 참새가 문제라는 보고가 올라왔다. 회의 석상에서 "참새는 해로운 새"라고 정의하고 소탕을 지시했다. 곡식을 쪼아 먹는 참새 떼를 소탕하는 것은 지극히 합리적인 판단이었다.

마오쩌둥의 말이 끝나기가 무섭게 곧 참새 섬멸 총 지휘부가 신설됐다. 이들은 즉각 참새가 곡식에 미치는 해로운 영향을 조사하기 시작했고, 드디어 대대적인 참새소탕 작전이 시작됐다.

첫 번째 도시는 중국 수도 베이징이었다. 1958년 노동자, 농민들은 남녀노소 할 것 없이 빗자루, 몽둥이를 들고 참새 죽이기에 동참했다.

참새들이 많이 출몰하는 지역에는 독극물 과자를 뿌려놓았다. 다른 지역에는 총을 든 명사수들이 대기하고 있었다. 이로 인해 잡아 죽인 참새는 무려 2억만 마리에 달했다.

마오쩌둥은 모든 것이 뜻대로 해결될 것이라 기대했다. 하지만 예상과는 정반대의 결과가 도출되었다. 참새소탕 작전을 벌인 첫해 오히려 쌀 수확량이 극심하게 줄어든 것이다. 식량 부족으로 굶어 죽는 사람들은 훨씬 더 늘어났고 1958년 한 해 동안 굶어 죽은 사람들의 수만 무려 172만 명으로 집계됐다.

'참새가 여전히 곡식을 쪼아 먹어 아사자가 늘고 있다'는 고정관념에 사로잡히게 되자 더욱 더 참새소탕을 독려했다. 하지만, 해를 거듭할수록 쌀 수확량은 줄어들고 굶어 죽는 사람은 점점 늘어났다. 중국에는 사상 초유의 대기근이 생겼다.

1958년부터 60년까지 불과 3년만에 무려 4천만 명이 굶어 죽었다. 이는 2차 세계대전보다 끔찍한 결과였다. 일부 지역에서는 죽은 사람들의 시신을 먹는 일까지 벌어졌다고 한다.

어떻게 이런 일이 벌어졌을까? 원인은 참새소탕의 역설에 있다. 참새떼 잡기는 생태계 무대에서 먹이사슬 파괴를 낳았다. 해충의 천적인 참새들이 사라지자 해충들은 기하급수적으로 번식했다. 엄청나게 증가한 해충들은 닥치는 대로 벼 이삭을 갉아 먹었다. 참새가 벼에 해를 끼치는 해충들도 잡아먹는다는 중요한 두근값의 다른 요소를 고려하지 않았기 때문에 벌어진 참사였다.

결국, 이 정책으로 마오쩌둥은 정치 2인자로 물러났다. 이 일은 역사상 최악의 기근으로 세계 기네스북에 등재됐다.

마오쩌둥의 합리적인 생각공식

참새 떼 극성 → 수확량 감소 → 식량 부족 문제

벼 이삭을 쪼아 먹는 참새를 소탕하겠다는 합리적인 사고의 목표를 실행하였으나 결과는 도리어 4천만 명이 사망하는 사상 초유의 대기근을 낳았다. 합리적인 판단보다 통합적인 창조프로세스로 사고하는 것이 우선이다. 왜냐하면, 단편적인 문제해결은 언제든 이전의 무대가 원천무효화를 시킬 수 있기 때문이다.

합리적인 판단이 처참한 실패를 가져온 이런 예는 인간 세상에선 비일비재하다. 독일 국회의사당 방화사건의 주인공도 통합적 사고를 하지 못한 대표적인 인물이었다.

당시 독일은 히틀러의 권력 장악에 필요한 '전권위임법'을 두고 히틀러 당과 공산당이 팽팽히 맞서고 있었다. 공산당을 없앨 수 있는 전권위임법이 통과되면 나치당은 독일을 장악할 수 있는 상황이었다.

전권위임법에 반대투표를 할 수 있는 당원들의 숫자를 줄이기 위해 히틀러는 독일 공산당의 추방을 계획했다. 그러나 일은 순조롭지 않았다.

당시 독일 공산당은 의석수의 17%나 차지하고 있었다. 국민 여론도 호의적이지 않았다. 그런 상태에서 의회개시는 시시각각 다가오고 있었다.

이렇게 첨예하게 모순이 팽배한 순간에 하나의 사건이 터졌다. 판 데르 루베라는 공산당 청년이 국회의사당에 불을 지른 것이다. 그가 방화한 목적은 분명했다.

국회의사당이 불타 없어지면 당장 의회가 개회될 수 없으니 나치당에 타격을 줄 것으로 생각했다. 이뿐만 아니라 추후 히틀러가 국가를 삼키려고 진행하려는 '전권위임법'을 막을 좋은 전략을 짤 수 있는 시간도 벌 수 있다고 믿었다.

이 청년은 자기 한 몸을 희생해 나라와 당을 위기에서 구할 수 있다고 확신한 것이다. 이런 생각은 개인의 관점 혹은 단기적인 측면에선 충분히 합리적인 의사결정이었을 수도 있었다. 그러나 그가 히틀러에게 타격을 주고 의회가 개회되는 것을 늦추겠다는 목표를 위해 실행한 국회의사당 방화사건은 그의 의도와는 완전히 정반대의 결과를 가져왔다.

나치당은 오히려 방화사건을 호기로 활용했다. 국민 여론을 악용할 기회를 찾던 히틀러에게 이 방화사건은 결정적인 먹잇감이었다.

이 사건을 계기로 공산주의 혁명이 임박했다는 나치의 주장을 국민에게 설득력 있게 선동해 나갈 수 있었고, 공산당 추방 운동에 속도를 낼 수 있는 빌미가 되었다. 히틀러에게 가장 걸림돌이었던 공산당은 이 사건을 계기로 독일에서 일거에 제거됐다.

방화사건을 계기로 하룻밤 사이에 5천여 명에 달하는 독일 공산당원이 체포되었고, 며칠 후 4명의 공산당 지도자들까지 줄줄이 방화음모의 가담자로 고발당했다. 이 방화사건은 청년의 의도와는 정반대로 결국 나치의 독일독재가 본격적으로 시작되는 시발점이 됐다.

아이러니하게도 개인의 가장 합리적인 판단이 전체 독일 무대라는 관점의 가장 비합리적인 판단이 된 셈이다. 의사당 화재사건이 히틀러와 나치당에게 가장 큰 행운이 돼 주었다는 점에서 훗날 역사가들은 이 청년이 히틀러 측의 배후조종으로 움직였던 희생양이었다는 음모론까지 제기하기도 했다.

우리가 믿고 있는 합리적인 판단이 항상 우리가 원하는 결과를 가져오는 것이 아니다. 이는 우리 뇌의 합리적인 판단 이전에 그것을 더 강하게 좌지우지하는 또 다른 배후의 무대와 상대의 요소가 있기 때문이다.

우리는 언제나 창조적 해답은 무대가 결정한다고 믿고 통합적인 사고로 방향을 설정해야 한다. 그래야 의도가 빗나가지 않게 되며, 우리의 노력이 백지화되지 않으며, 무대의 희생양이 되지 않으며, 배후 세력에게 이용당하지 않는다.

패턴은 지금도 계속되고 있다. 얼마 전 한 지자체는 승객의 안전이라는 지극히 합리적인 장점을 얻기 위해 당장 '입석 금지정책'(두근값)을 실행했지만, 동전의 양면처럼 '줄서기 출근 대란'(상대 두근값)이 생겨 판을 엎어버리는 식이 되어 하루 만에 정책을 철회한 적이 있다. 합리적인 의사결정이 실패한 역설은 지금도 계속되고 있다.

성공패턴 반복 모형

여기 이쑤시개가 있다. 이쑤시개는 이쑤시개일까? 창조된 과정으로 생각해 보자. 이쑤시개는 공장에서 가늘게 깎는 공정을 거쳐 이 모양이 됐을 것이다. 깎이기 전에는 뾰족하게 만들겠다는 아이디어가 누군가에게 있었을 것이며, 이 아이디어는 이 사이 빈틈에 있는 음식 찌꺼기와 바늘의 요소를 두근두근 조합했을 것이다. 그 조합이 이루어진 무대는 불편을 느낀 입 안이었을 것이다.

자, 이제 창조프로세스 순서로 다시 생각해 보자. 이쑤시개 탄생은 음식물이 이 사이에 끼어 불편한 입안의 경험이 출발점이며, 그러므로 여전히 이쑤시개는 입이라는 보이지 않는 손에 장악돼 있다고 할 수 있다.

즉, 이쑤시개는 반드시 위생적이어야 하고 청결한 상태로 개별 포장되거나 세균 없는 보관함에 들어 있어야 한다. 독약이 발라졌거나 똥물에 빠졌던 이쑤시개라면 그건 그 순간부터 이쑤시개가 아니다. 사람 입과 여기 있는 이 이쑤시개는 보이지 않는 창조프로세스 끈으로 서로 연결돼 있기 때문이다.

창조란 결국 어떤 끈끈이 무대에 서로 다른 요소들이 연결(두근+두근)되면서 아이디어가 착상되면, 이것이 성장 과정(쑥쑥)을 거쳐 결과가 창조되는 일련의 연결된 끈들의 세팅 절차이다.

우리가 이쑤시개의 창조프로세스를 이해하면 훨씬 더 이쑤시개의 본질에 접근할 수 있으며 창조적 사고를 할 수 있다. 입안 무대에서 출발하여 음식물을 찍어내기 위한 용도일 때 이쑤시개라고 부르지만, 얼마든지 다른 무대에선 다른 연결을 통해 다른 용도로 무수히 창의할 수 있다는 걸 알고 있기 때문이다.

만약 접시 무대에서 이쑤시개로 과일을 찍어 먹는 순간 이쑤시개는 이쑤시개가 아니라 '포크'가 된다. 손가락 혈 자리 건강 무대에서 뾰족한 부분으로 손가락에 자극을 주는 순간 이쑤시개가 아니라 '수지침'이다. 명절날 차례 음식 무대에선 음식 재료로 산적을 만들 때 이쑤시개는 '음식 연결꽂이'가 된다. 예술 공예작품 무대라면 이쑤시개가 에펠탑 모형이나 베르사유 궁전 미니어처 모형을 만드는 '예술건축 재료'가 된다.

모든 창조는 '무대(두근+두근)'라는 3개의 요소가 삼위일체로 착상되는 과정이다. 그 요소의 연결과 관계 값에 따라 결과의 이름이 매 순간 달라진다. 그러니 창조의 패턴 공식을 머리에 담아두면 신기하게 창조적 사고가 쉬워진다.

그릇에 밥과 나물을 고추장으로 비비면 산나물 비빔밥이 창조되고, 나물 대신 회를 초장으로 비비면 회 비빔밥이 된다. 이번엔 회 대신 육회를 넣어 참기름을 곁들이면 육회 비빔밥 되겠네. 그럼 난 인삼과 해삼을 넣어 건강식 비빔밥으로 비벼볼까? 난 아예 무대를 바꾸어 그릇을 양푼으로 교체해 양푼이 육회비빔밥 콘셉트로 밀어보겠어. 음, 그렇다면 난 숟단지 채로~.

모두가 삼위일체를 연결하는 세팅 작업의 반복이다. 패턴이 있다. 그러니 창조가 생각보다 쉽다. 창조프로세스 전체의 설계도를 이해하게 되면 보이지 않은 시작을 보고 단숨에 성공패턴을 복제할 수 있다.

공기주머니에 다른 부싯돌이 서로 부딪쳐 불꽃이 생기며, 아기 주머니에 정자와 난자가 부딪쳐 생명이 생기고, 시장에 사려는 사람과 파려는 사람이 부딪쳐 적정가격이 생기며, 학교에 가르치는 선생님과 배우는 학생이 부딪쳐 공부가 생기고, 잃어버린 조국 무대에 그리운 임과 사랑하는 마음이 부딪쳐 한용운의 시가 생긴다. 인터넷이라 새 쇼핑 무대에 '가장 싸게'와 '가장 편리하게'가 부딪쳐 세계 부자 1위 기업 아마존이 탄생했다.

새하얀 우유와 투명한 빙판의 김연아가 만나면 순수한 건강 무대 위에서 우유 광고가 되네. 그렇다면 김연아 대신 새하얀 태권도복을 입은 유치원생들이 태권도 시범을 보인 후 새하얀 우유를 마시면 그 또한 새하얀 건강 무대의 순수 우유 광고가 되겠군.

술병과 첨성대 모양을 세팅하면 경주시의 대표 전통주 술병이 될 것이요, 첨성대 모양 대신 부석사 배흘림기둥 모양을 세팅하면 영주시 대표 전통주 술병이 될 것이다. 네 잎 클로버와 코팅이 만나면 행운의 책갈피 선물이 창조되듯, 네 잎 클로버가 스타벅스 커피전문점과 만나면 커피 위에 띄우는 장식 네 잎 클로버가 되어 연간 수십억 원의 매출이 창조된다.

이 우주 만물은 '창조프로세스'라는 패턴에 따라 계속 새로운 것이 창조되고 있다. 나는 지난 20년간 인류의 학문과 지혜, 사고이론들을 연구하며 광고, 논문, 디자인, 기획서, 아이디어. 영상. 웹툰, 글짓기, 창작, 지원서, 리포트, 자소서, 창업 등 모든 분야 공모전 1등 수상작을 분석해서 그것들이 모두 창조프로세스로 창조됐다는 사실을 알게 됐다.

사람들에게 창조프로세스를 알려주고, 창조적이고 혁신적인 과제를 삼위일체 원리로 만들게 했더니 짧은 시간에 창조적인 결과물이 쏟아져 나왔다.

창조적인 의사결정이란 무대(두근+두근)라는 삼위일체를 세팅하는 작업이고, 창조적인 인간관계란 무대(두근+두근)라는 삼위일체를 세팅하는 작업이며, 창조적인 문제해결은 무대(두근+두근)라는 삼위일체를 세팅하는 작업이며, 문제를 이해하는 것은 무대(두근+두근)라는 삼위일체를 세팅하는 작업이다.

나는 국가기관에서 시행하는 다양한 혁신프로젝트 사업자 선정

기술평가 심사위원으로 참여하고 있다. 또 기업, 국가, 지자체, 단체가 주최하는 각종 공모전 전 분야의 심사평가표를 직접 만들어 배부했다. 내가 만든 이 세상 모든 사업전략, 아이디어, 창작품, 결과물들의 표준심사평가표는 바로 창조프로세스 원리를 단계별로 적용하여 탄생한 완전한 검증 모델이다.

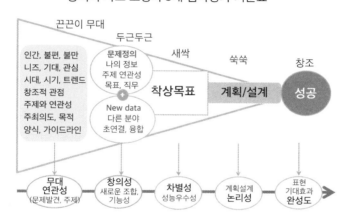

창의적 사고 모형과 5대 심사평가 기준표

세상 모든 아이디어·창작품의 5단계 평가심사 표준안

• 주제 연관성(사업이나 주제 이해도) : 끈끈이 무대를 통찰하고 있는가?

• 제안내용 타당성과 창의성 : 두근두근 서로 다른 요소들이 창의적으로 연결돼 있는가?

- 솔루션, 차별성 : 기존에 없는 문제해결 아이디어가 제시돼 있는가?
- 실행계획, 논리성 : 그 아이디어를 구체적으로 분류하고 설계하여 구현시킬 수 있는가?
- 기대효과, 경제성, 완성도 : 결과의 효과는 무엇이며 작품성, 완성도는 높은가?

  객관적이고 논리적으로 타당하게 평가한다는 건, 결과에 창조프로세스가 잘 적용되었는지를 보는 것이다. 핵심요소들이 하나로 연결돼 스스로 작동되는지를 평가한다는 의미다. 국가기관이나 기업의 선정심사 평가, 각종 기획, 전략, 아이디어, 창작품들은 필연적으로 '창조프로세스'와 밀접한 관계를 가질 수밖에 없다.

  창조가 이루어지는 절차와 핵심요소를 이해하면 세상이 어떻게 작동되는지 그 근본적인 원리를 깨달을 수 있다.

알아두세요. 세상만사 평가방식 통찰

* 죽어 있고 멈춰 있고 보이는 결과값을 평가할 것이다. (X)
* 살아 있고 유기적으로 일이 전개되는 창조프로세스 단계 전체를 평가한다. (O)

위대한 경영자들의 의사결정 모형

비즈니스나 마케팅전략 등 성공의 핵심은 창의적인 의사결정 능력이다. 어떤 방법을 선택할 것이냐? 어떤 전략으로 해결해 나갈 것이냐? 어떤 대안을 선택할 것이냐? 다양한 갈림길에서 현명한 판단을 내리면 살고 어리석은 판단을 내리면 죽는다. 그러나 도대체 어떤 의사결정이 창조적일까? 이걸 알기란 쉽지 않다. 우리는 대부분 a안과 b안의 선택지를 가지고 있기 때문이다.

a안을 선택하면 b안을 버려야 하고, b안을 선택하면 a안을 버려야 하는 것이 딜레마다. 우리 앞에 놓인 두 대안은 공교롭게도 늘 모순관계에 놓여 있는 경우가 많다.

그래서 보통 사람들은 다음과 같이 깊이 생각한다.

- 어떤 안이 우리 현실에 좀 더 맞을까?
- 어떤 안이 좀 더 부작용이 적을까?
- 어떤 안이 비용이 적게 들까?
- 어떤 안이 적용 가능할까?
- 어떤 안이 결정하기 편한 것일까?

대부분 둘 중 하나를 선택하는 '선택형 의사결정 방식'을 사용한다. 창조프로세스 모형으로 보면 이런 선택형 의사결정 방식은 실패로 규정된다. 둘 중 하나를 선택한다는 것은 그 둘을 동시에 포괄하는 공통의 무대를 보지 못한다는 의미이기 때문이다.

창조적인 의사결정 모형은 겉으로 드러나는 a안이냐 b안이냐의 선택지에 반드시 그 둘을 통합할 수 있는 제3의 무대 값(c)가 보이지 않는 손으로 존재한다는 걸 알려준다.

실제로 위대한 성공자들은 대부분 'a안이냐, b안이냐'의 양자택일 대신 그 둘을 통합할 수 있는 제3의 무대 전략 포인트(c)를 찾아내 혁신에 성공했다.

미소 냉전시대 미국의 외교관 조지. E. 캐넌은 소련의 팽창정책에 맞서 대안을 찾아야 했다. 물론 선형적인 의사결정에 따라 두 가지 안이 나왔다.

하나의 안은 물리적 전면전을 통해 팽창정책을 저지하는 것이었고, 다른 안은 지켜보면서 소련제국 건설을 묵인하는 것이었다. 두 가지 대안 외에는 아무것도 없었고 미국은 빨리 뭔가 대안을 제시하라는 압박에 직면했다.

캐넌은 선형적 의사결정을 하지 않았다. 두 가지 안 모두 장단점을 가지고 있었고 훌륭한 대안이 아니라고 판단했다. 반드시 다른 제3의 대안이 있다고 믿었으며, 입체적 의사결정 모델을 활용한 끝에 '봉쇄정책封鎖政策'이라는 제3의 대안을 제시했다.

일명 고립 작전이었다. 외부적으로 전쟁에 버금가는 고립 전쟁을, 내부적으로 묵인을 하는, 선형적인 두 대안의 장점을 모두 갖춘

안이었다.

전쟁 없이, 그냥 방관도 하지 않으면서 선택한 이 정책이 결국 구소련의 팽창주의를 몰락으로 이르게 만든 탁월한 정책으로 평가됐다.

생필품으로 유명한 피엔지라는 세계적 기업의 래플리는 말단 직원에서 출발하여 CEO까지 오른 입지전적인 인물이다. 그가 점점 점유율이 하락하고 매출이 감소하는 위기에 몰린 피엔지를 구할 CEO로 왔을 때 그의 앞에 두 가지 선택지가 놓여 있었다.

첫째 안은 혁신제품에 더 투자하여 고가경쟁력을 확보해야 한다는 주장이었고, 다른 안은 원가절감을 하여 이제 저가경쟁에 뛰어들어야 한다는 것이었다.

두 의견은 모두 설득력 있었고 팽팽히 맞섰으며 당연히 모순관계이기도 했다. 래플리는 이 두 가지 안 중 하나를 선택해야 할 처지에 놓여 있었다.

아마 대부분의 선형적인 의사결정을 하는 사람이라면 피엔지의 현실에 맞는 안을 선택하기 위해 골몰했을 것이다.

그러나 래플리는 입체적인 사고모델을 통해 제3의 방법이 있다고 생각했다. 원가를 줄여 가격경쟁을 이루면서도 혁신제품을 만들어내는 제3의 '창조적인 아이디어'가 있다고 믿었다. 그리고 그 디퍼런스 아이디어는 '외부의 혁신적인 제품 아이디어와 제휴'에서 찾았다.

즉, 외부의 검증된 작은 기업들의 혁신제품 아이디어를 발굴하고 제휴하여 피엔지 브랜드와 마케팅으로 저가의 혁신제품을 만들면 두 마리의 토끼를 한꺼번에 잡을 수 있다고 확신했다. 그리고 이 '디퍼런스 아이디어(difference idea)'는 주효했다. 혁신제품에 엄청난 투자를 하지 않고도 저가의 혁신제품들을 쏟아낼 수 있었고 시장점유율과 수익은 다시 올라가기 시작했다.

마이클 리친은 투자 자문회사인 'AIC'를 운영하며 장기 가치투자로 성공한 리더다. 그는 이런 기업가치로 승승장구했지만, IT 벤처 투자 열풍이 불던 시절 위기가 찾아왔다. 투자자들이 벤처 투자 쪽으로 대거 빠져나가고 있었기 때문이다.

다른 투자를 거둬들여 출금을 메워야 할 상황이 됐고, 하루아침에 위기에 몰린 것이다. 벤처 쪽으로 옮기라는 투자자들의 압력이 날로 커 가고 있었던 것이다. 선택적인 사고 판단을 했을 때 그의 선택지는 둘 중 하나였다.

"자신이 지켜온 가치투자의 철학을 이제 포기하고 벤처 투자 대열에 합류하느냐? 아니면 빠져나가는 투자금을 우량주를 팔아 갚으며 계속 가치투자의 가치를 지켜내느냐?"

둘 중 하나의 길을 선택해야 하지만, 또 둘 중 하나의 길을 선택할 수 없는 진퇴양난에 처해 있던 것이다. 그는 선택적인 사고를 버리고 입체적인 사고모델을 통해 제3의 무대에서 '창조적 아이디어'가 있다는 걸 알았다.

그가 최종적으로 결정한 제3의 아이디어는 바로 '모든 투자금을 회수한 후 가장 잘 알고 확실한 한 곳에 가치투자를 한다'는 것이었다. 투자금이 더 빠져나가지도 않았고 가치투자 철학을 포기하지도 않은 제3의 안을 선택한 것이다. 물론 그가 투자한 곳은 모두 승승장구했고 엄청난 수익을 냈다.

포시즌스 호텔은 전 세계적으로 유명한 호텔 브랜드다. 호텔 주인인 이사도어 샤프는 작은 규모의 값싸고 친밀한 호텔과 대형 규모의 비싼 고급 호텔을 운영하며 성공했다. 그는 호텔 사업을 확장하면서 작은 호텔과 큰 호텔 두 종류밖에 없는 호텔모델에 한계를 느꼈지만, 현실적으로 어쩔 수 없는 일이었다. 작은 호텔에 다양한 편의시설을 갖출 수 없고, 큰 호텔에서 친밀감을 갖추기란 어려우니까.

결국, 대부분 사람은 값싼 작은 호텔, 고급스럽고 비싼 대형호텔, 두 가지 콘셉트로 호텔을 운영할 뿐이었다. 샤프는 달랐다. 비싸면서 친밀감을 주는 중급호텔, 그는 이런 입체적인 의사결정 모델에 대해 고민을 했다.

그리고 그는 무대에서 다시 처음부터 생각한 끝에 제3의 아이디어를 찾아냈다. 중간규모의 호텔에 고객 요구(needs)를 철저하게 반영하면서도 다르게 인식하고 분석한 차별적인 각종 서비스 제공, 직원이 만족하는 인사 관리시스템 등을 구축하여 성공적인 모델을 만들어냈다.

우리는 위 사례를 통해 비즈니스 현장에서 양자택일 의사결정 모델과 끈끈이 무대에서 다시 사고를 출발하는 창조적 입체적인 의사결정 모델이 어떻게 차이가 나는지 명확하게 알 수 있다.

보통은 겉으로 드러나는 몇 개의 요소를 선택하는 방식으로 의사결정을 하지만, 그 요소들을 통제하는 제3의 무대가 반드시 존재하며, 이것이 모든 의사결정의 출발점이 돼야 한다는 사실을 알려 준다.

'일 통찰'은 보이지 않는 무대를 보고 보다 입체적이고 창조적인 의사결정을 하도록 돕는다. 그래서 '창조적인 아이디어'를 찾아낼 가능성을 높여주며 '창의적인 인재'가 될 수 있는 확률도 높인다. 그 누구라도 '일 통찰'의 비밀을 알면 가능하다.

> **알아두세요. 창조적 의사결정 모형**
> * 합리적인 양자택일 모형 (X)
> * 양자택일에서 한 발 뒤로 물러나 끈끈이 무대에서 양자 모두를 통합하는 창조적 사고 모형 (O)

문제 정의 모형

문제를 제대로 잘 정의하는 것이 문제를 해결하는 것보다 우선이다. 제대로 된 문제 정의 → 제대로 된 문제 해결을 좌우하기 때문이다.

심약한 정신력이라면? 고립돼 있기 때문이다. 연결돼 있지 않기 때문이다. 끈끈이 무대 → 두근 + 두근 → 착상 → 쑥쑥 → 결과로 이어지는 '흐름(플로우, FLOW)'을 읽지 못하니 자기 무대를 세팅할 수 없고, 당연히 다음 단계나 다음 계획이 없는 것이다. 예측할 수 없으며 고립되고 연결이 끊어진 것이다. 그게 '유리 멘탈'이다.

지금 외롭고 고독하고 우울하다면? 고립돼 있기 때문이다. 연결돼 있지 않기 때문이다. 끈끈이 무대 → 두근 + 두근 → 착상 → 쑥쑥 → 결과로 이어지는 흐름에서 오직 '결과값'에만 시선이 머물러 있다면 관계에서 고립되고 연결이 끊어진 것이다. 그래서 우리 뇌는 무의식적으로 고독과 우울과 고립감을 느낀다.

우리 뇌에 제발 '끈끈이 무대 → 두근 + 두근 → 착상 → 쑥쑥 → 결과'로 이어지는 흐름을 보여줘라. 연결되고 예측하니 다음 단계가 있고 다음 계획이 있다. 그럼 우리의 무의식은 고립감과 고독과 우울에서 벗어날 수 있다. 유리 멘탈을 극복해낼 확률을 높일 수 있다.

심리학의 작동원리도 창조프로세스다. 마찬가지로 비즈니스 문제 정의도 완전히 같은 창조패턴이다. 세계적인 광고기업인 'BBDO' 북미지역 회장 겸 최고 창의력 책임자를 역임한 필 듀센베리의 이야기를 들어보자.

그의 책 『천만 불짜리 아이디어』(랜덤하우스)에 따르면, 한 친구가 레스토랑에서 와인을 마시고 마음에 들어 다음날 동네 와인 숍에 가서 그 와인이 있는지 물었다고 한다. 대답은 No. 와인 이름을 들어본 적도 없었단다. 그의 친구는 와인 숍에서 근처 레스토랑에 어떤 와인이 팔리고 있는지 모르고 있다는 게 도무지 이해되지 않았다고 말했다.

친구와 나누었던 이런 대화 내용을 언급하며, 자신이 만약 와인 가게 주인이라면 가장 먼저 지역에서 많이 팔리는 베스트 와인들을 조사해서 순위별로 전시했을 거라고 소개하고 있다. 그 와인 숍 주인처럼 보통사람들이 그러지 못하는 이유를 필은 다음과 같은 원인에서 찾았다.

①자신이 고객에 대해 충분히 안다고 생각한다.
②와인 숍을 멋지게 꾸미고 와인 숍에서 일어나는 문제들을 완벽하게 해결하면 된다고 확신한다.
③마케팅 조사를 할 때 자신의 가치관과 설정 목표를 확인하는 정도에 그친다.

창의적이지 않은 보통사람들의 생각 방식과 창의적인 사람들의 의사결정 방식에는 아주 큰 차이가 있다. 그것은 바로 창조프로세스로의 사고의 유무다. 창의적이지 않은 생각을 하는 사람들은 대부분 '자신의 시각'을 중심으로 사고한다. 즉, 흐르고 연결되는 관점 대신 단절되고 고립된 내 중심의 관점을 가지고 있다. 만약 창조가 이루어지는 연결과 흐름의 프로세스로 사고를 하는 사람이 와인 숍의 운영자였다면 어떤 전략을 사용했을까?

우선 하나의 두근값 요소에 '자신'(와인 숍)의 정보가 있다. 그렇다면 자신(와인 숍) 외에 필연적으로 다른 두근값도 존재할 것이며, 이 포지션에는 '지역의 와인 고객들'의 정보가 있을 것이다. 서로 다른 두근값과 다른 두근값이 함께 딛고 있는 보이지 않는 공통무대를 발견하려 노력할 것이다. 그리고 우리 지역 와인 고객의 선호도가 공통적인 무대라는 사실을 통찰할 것이다.

이제 남들이 보지 못하는 무대를 통찰하는 창조자의 관점을 얻었다. 이 무대의 시각에 요소들을 탑다운(topdown) 방식으로 들여다보면, 우리 지역 와인 고객의 선호도라는 무대 위에는 내 와인 숍의 요소에 다른 중요요소인 우리 지역 고객이 좋아하는 와인이나 지역 레스토랑의 상황, 포도주 고객의 구매 동선 등 다양한 핵심요소들을 생각해 볼 수 있다.

지역 와인 시장의 무대를 읽는 창조자의 관점에서 보는 순간 '우리 지역 와인 고객 선호도를 포착하라'는 전혀 새로운 문제를 발견할 수 있다. 우리 지역 레스토랑에서 가장 인기 있는 와인목록이 우리 와인 숍에서 매출을 가장 많이 올릴 수 있는 전략상품이 될 것이라는 문제 정의가 이루어진 것이다.

이제 새롭게 정의된, 더 수많은 요소가 연동된, 더 시공간이 확장된, 더 창의적으로 정의된 이 문제를 해결할 방법을 찾으면 된다. 답은 뻔하다. 그것이 바로 '우리 지역 레스토랑들의 인기 와인 데이터'다. 듀센베리 필이 제시한 답 그대로다.

"내가 주인이라면 한 달에 한 번쯤은 동네 레스토랑에 들러 어떤 와인이 많이 팔리고 무엇이 들어오고 무엇이 빠졌는지 꼬치꼬치 캐물을 것이다. 중요한 정보다. 지역 주민들의 습관 같은 이처럼 소중한 자료를 어디서 찾을 수 있겠는가?"

우리 지역 베스트셀러 와인리스트가 확보되면 숍에 전시하면 된다. 어떤 일을 창조프로세스로 이해하면 통찰력을 갖는 게 그리 어렵지 않다. 필의 말을 빌리자면 "박사학위고 뭐고 중요한 것이 아니라 그저 보이지 않는 통찰력의 세계를 볼 수 있는 눈만 있으면 해결"된다.

문제를 정의한다는 건 보이는 것에서 보이지 않는 것을 통찰하는 것이요, 부분에서 한 발 물러나 전체를 보려는 것이며, 고립과 단절 대신 연결과 흐름을 읽는 것이다.

문제 해결 프로세스 모형

문제를 잘 해결하려면? 당연히 문제를 잘 이해하면 쉽다. 문제를 잘 이해하면 금방이든 장기적이든 답은 반드시 나오기 때문이다. 그러나 진짜 문제는? 문제를 이해하는 게 그리 쉽지 않다는 점이다.

현실의 문제는 복잡한 '인과관계'와 '인간관계'로 얽혀 있고, 드러나지 않은 정보가 더 중요할 때가 많다. 더구나 대부분의 문제는 평면적이지 않다. 도통 눈에 안 보인다. 배후에 더 큰 놈이 숨어 있다. 밖에서 지휘하는 놈이 있다. 폭풍은 언제라도 배 안이 아니라 바다 저편에서 온다. 한 차원 높은 무대가 있다는 말이다. 어디가 문제의 출발점인지 힌트조차 없다.

그러나 창조프로세스로 문제를 바라보면, 숨어 있는 몸통인 배후조정자나 의도를 간파하여 장기적으로 전혀 다른 결과를 만들어 낼 수 있다.

이 때문에 창조프로세스로 사고하면 원하지 않는 결과를 없애는 문제 해결력이 향상되는 것이다. 문제 해결 능력을 단숨에 키워주는 '일 통찰'은 다음과 같이 매우 간단하다.

① 먼저 창조프로세스 절차를 종이 위에 적는다.

　'끈끈이 무대 → 두근 + 두근 → 착상 → 쑥쑥 → 결과'

② 해결해야 할 문제점을 결과값에 대입시킨다.

③ 모든 문제는 반드시 필연적으로 창조프로세스(끈끈이 무대, 두근 +두근, 착상, 쑥쑥, 결과) 6가지 요소가 서로 완전하게 연결되지 못했기 때문에 생긴다. 창조프로세스가 제시하는 단계별 프로세스에 맞춰 6가지 요소의 관점으로 각각 시뮬레이션하면서 문제를 만드는 요소들을 추적해 나간다.

④ 문제를 만드는 창조프로세스를 완성한다.

⑤ 기존 무대 자체를 조정하거나 완전히 다른 무대로 옮겨 새로운 창조프로세스를 세팅해 문제점이 없는 새로운 결과값을 창조한다.

⑥ 창조프로세스에서 우선순위별, 단계별 새로운 요소들의 조합을 시도하여 결과값을 새롭게 바꾸거나 통제한다.

김포공항의 사례를 보자. 국제공항이 분리돼 신공항으로 이전한 후 김포공항은 이용객 감소에 따른 공동화 위기에 처했다. 김포공항의 문제해결 방법은 무엇이었을까?

창조프로세스로 보면 김포공항의 문제가 쉽게 드러난다.

- 끈끈이 무대 : 신공항 이전에 따른 국내 항공노선 위주의 김포공항
- 두근 + 두근 연결 : 국내선 항공이용객과 국제선 항공이용객 연결 분리
- 착상 : 국내 항공이용객 중심
- 쑥쑥 : 이용객 감소
- 결과 : 공동화 위기

문제가 명확하게 드러나면 문제해결책도 쉽게 나온다. 무대를 재설계하여 새로운 두근두근 연결된 조합값을 찾아 결과값을 바꾸면 된다. 김포공항의 혁신 전략은 무엇이었을까?

무대 재설계 : 김포공항 무대 → 쇼핑 김포공항 무대
두근 + 두근 연결 : 편리한 교통편과 주차장을 활용한 대형 쇼핑몰 유치, 편리한 지방 연결 항공편을 활용한 대형 척추병원 유치 등

김포공항이 가지고 있는 특별한 강점을 활용하여 무대를 재설계하고 새로운 분야와 초연결한 결과, 임대수익을 높인 것은 물론 공동화 문제를 빠르게 개선할 수 있었다.

이렇게 문제의 이해과정과 문제해결 사고의 절차를 거치다 보면 누구나 문제해결 능력이 단숨에 향상된다. 이번에는 '비타500'의

창조적인 문제해결 과정을 창조프로세스로 분석해 보자.

<비타500> 문제 정의
: 에너지 음료가 등장해 시장점유율 위협과 카페인 음료 오해에 따른 매출 감소 우려.

에너지 음료가 큰 인기를 끌면서 위기감을 느끼던 당시 비타500이 해결책을 찾는 것은 쉽지 않았을 것이다. 실제로 이런 문제가 발생하면 단순히 대응책을 마련할 가능성이 높다. 이른바 다음과 같이 즉각 '목표설정' 방식으로 대응하는 식이다.

첫째, 비타500을 에너지 음료 트렌드에 편승해 좋은 에너지 음료로 이미지를 강화한다.

둘째, 비타500은 카페인이 없다는 진실 알림 캠페인을 전개한다.

이 두 가지 전략 중 더 시급하다고 생각하는 하나를 선택하는 것이 통상적인 목표설정의 방법이다. 물론 이런 방법은 둘 중 어느 것으로 대응하더라도 탁월한 선택이 되기는 어렵다.

만약 첫째 전략을 선택하여 막대한 광고나 마케팅을 시행한다면, 기존 에너지 음료 시장에 더욱 깊숙이 빠져들어 경쟁력은 더욱 떨어지고 에너지 시장의 트렌드를 강화하는 들러리 역할을 할 확률이 높다.

둘째, 비타500에 카페인이 들어 있다는 오해를 풀겠다는 광고나 마케팅을 적극적으로 시행한다면 당장 오해를 풀 수 있어 웰빙 추구형 고객들의 마음을 잡을 수 있겠지만, 그동안 에너지 음료 트렌드 대세에 주춤하던 브랜드 경쟁력을 회복시키는 것이 힘들 수 있다.

실제로 초기 비타500은 "비타500에는 단 한 방울의 카페인도 들어 있지 않습니다."라는 광고를 즉각 집행했다. 이 마케팅전략은 그다지 큰 성과를 내지 못하고 막을 내렸다. 목표설정 방식은 결국 둘 중 어느 것을 선택하더라도 결코 창의적인 해결책이 아니다. 그러나 다행히 비타500은 이내 창의적인 문제해결 방법을 찾아냈다.

당장 목표설정을 버리고 근원의 무대로 눈을 돌렸다. 문제를 만든 근원으로 돌아가 전체 프로세스에 주목했다.

마케팅 담당자들이 '문제'를 만드는 창조프로세스 전체를 보는 순간 기존과 전혀 새로운 아이디어가 나왔다. 이렇게 탄생한 새로운 마케팅전략은 '착한 음료' 캠페인이었다.

비타500의 문제해결 과정은 창조프로세스가 제시하는 창의적인 문제해결 과정과 매우 유사하다. 실제로 비타500의 창의적인 해결 전략을 창조프로세스 단계로 분석해 보면 다음과 같이 명쾌하게 이해된다.

먼저, 문제를 창조한 과정을 검토한다. 창조프로세스의 각 값에 비타500이 처한 문제를 대입한다. 그런 다음, 이 전체 프로세스의 상관관계를 검토해 보면 금세 문제점이 명확하게 드러나게 된다.

새로운 에너지 음료 무대(생각 주머니) 위에 비타500이 올라타 있는 형국이기 때문에 문제의 결과값이 나온 것이다. 각 값을 식에 대입하면 이렇게 된다.

- 끈끈이 무대 : 시장에 '에너지 음료' 등장
- 두근두근 연결요소 : 카페인, 타우린 등을 원료로 한 에너지 음료에 대한 인기+에너지 음료의 건강에 대한 우려 공방
- 착상 : 비타500의 딜레마(에너지 음료 시장에서 경쟁력 약화, 카페인 음료라는 잘못된 인식)
- 쑥쑥 : 비타500 카페인 제품 인식오류 확산, 에너지 음료 시장에서 경쟁력 약화 및 웰빙 소비자에게도 외면당하는 이중고 우려
- 문제 창조 : 매출 감소

창조프로세스로 문제를 보는 순간 탁월하게 '문제 정의'가 이뤄졌다. 이렇게 전체 창조프로세스로 문제를 정확하게 정의해 놓고 해답을 찾아 나가면 훨씬 창조적인 아이디어가 튀어나온다. 우선순위대로 무대 변화, 범위 재조정, 새로운 요소들과의 재조합을 다양하게 모색해 보면 된다.

두근① 에너지 음료의 장점 vs 단점
두근② 에너지 음료의 단점 vs 비타500의 장점
두근③ 비타500에 카페인이 없다는 사실 vs 오해

두근④ 카페인 등이 없는 진짜 건강음료 vs 카페인 등이 있는 가짜 건강음료

무대 위에 올라온 이 모든 핵심요소를 두근두근 하나로 만족시켜 주는 핵심 전략이 바로 '착한 음료' 캠페인이었다.

결국 창조프로세스가 제시한, 문제 정의를 해결할 수 있는 핵심 전략은 다양한 요소들의 조합 값들을 하나로 착상시킬 수 있는 '착한 음료' 콘셉트 캠페인이 되는 셈이다.

착한 음료 콘셉트 캠페인은 카페인과 타우린 중심의 에너지 음료 무대에서 내려와 착한 음료 비타500만의 새로운 무대를 만들고 이를 통해 차별적인 경쟁력을 갖는 지점이며, 카페인이 들어 있다는 오해를 가장 효과적으로 해소할 수 있는 지점이며, 국민에게 메시지를 가장 쉽게 전파할 수 있는 트렌드 키워드가 모두 연동된 지점이다.

이렇게 다양한 새로운 요소가 하나로 만나 연동되어 조합되는 일거양득이 가능한 '삼위일체'가 바로 '착한 음료' 콘셉트 캠페인이었다. 실제로 비타500은 착한 음료 캠페인으로 성공적인 마케팅을 펼치며 전 국민에게 강렬한 브랜드 인지도를 심어 주었다.

알아두세요. 창조적 의사결정 모형
* 눈앞에 닥친 문제만 해결한다. (X)
* 무대를 통찰하여 근원적인 문제를 해결한다. (O)

창조적인 비즈니스 경쟁전략 모형

창조프로세스가 제시하는 '일 통찰'은 20세기 가장 위대한 경영학자 마이클 포터(Michael E. Porter) 하버드대 교수가 제시한 '경쟁전략론'의 약점을 보완할 수 있다. 비즈니스 경쟁전략에서 가장 근원적인 지위를 오랜 세월 누려온 마이클 포터의 경쟁전략론은 다음과 같은 세 가지 전략으로 구성돼 있다.

첫째, 원부자재 확보로부터 AS에 이르기까지 모든 분야에서 경쟁자보다 유리한 원가를 확보해 가격으로 경쟁자를 압도할 수 있는 전반적인 '저원가 전략'(overall cost leadership), 두 번째 단계, 경쟁자와 상품이나 서비스, 영업사원, 유통경로, 상표 이미지 등에서 차별화함으로써 유리한 고지를 점하려는 '차별화 전략(differentiation)', 세 번째 단계, 만약 원가나 차별화를 통해서 경쟁자와 맞대결을 펼칠 만한 자원이 부족하다면 시장이나 상품의 전문화를 통해서 힘을 집중하는 '전문화 전략'(focus)이다. 쉽게 풀어 요약하면 이렇다.

- 원가전략으로 경쟁자를 압도하라.
- 차별화로 유리한 고지를 선점하라.
- 전문화로 비즈니스 힘을 집중하라.

마이클 포터의 이 3단계 경쟁전략론은 기업 경쟁전략의 바이블로 평가됐지만, 약점도 분명히 있었다. 그 세 가지 핵심 경쟁전략에 대한 아이디어를 어떻게 도출하느냐에 대해 구체적인 방법이 제시돼 있지 않기 때문이다.

마이클 포터 경쟁전략론을 '창조프로세스 모형'으로 해석해 보면 아이디어 발상 단계인 두근두근 연결과 그에 따른 착상의 과정이 빠져 있다는 사실을 금방 알 수 있다. 이것이 약점이다. 즉, 마이클 포터의 경쟁전략론에는 창조프로세스에서 반드시 거쳐야 할 기존과 다른 새로운 아이디어가 착상되는 단계가 없다는 의미이다. 아이디어는 비즈니스 무대를 설정한 후 상반된 혹은 양자택일로 대립하는 서로 다른 핵심요소들을 올려놓고 그것들을 두근두근 하나로 조합하여 삼위일체가 되는 전략 포인트다.

'창조프로세스' 모형을 활용해 마이클 포터 교수의 비즈니스 경쟁전략론을 좀 더 완전하게 보완해 볼 순 없을까? 물론 간단하게 해결할 수 있다. 먼저 창조프로세스의 삼위일체의 원리인 공간설계(무대 위 두근두근의 연결)의 창의적인 발상 단계를 마이크 포터 교수의 경쟁전략론에 추가해 보자.

그럼 1단계 무대 세팅 전략(시장 환경 분석) → 두근두근 전략(핵심요소들의 두근두근 새로운 조합) → 3단계 착상 전략(핵심전략 포인트 도출) → 4단계 쑥쑥 전략(프로모션과 집행) → 5단계 창조전략(결과 도출)의 프로세스가 나온다.

이 창조프로세스를 통해 우리는 비즈니스 경쟁전략으로 원가를 줄일 수 있는 구체적인 전략 포인트를 찾고, 차별화시킬 구체적인 전략 포인트를 얻고, 집중화시킬 구체적인 전략 포인트를 얻을 수 있다. 마이클 포터 교수의 경쟁전략론이 가지고 있었던 한계를 극복하고 '신 비즈니스 경쟁전략론 프로세스'가 완성된 것이다.

1단계. 끈끈이 무대 세팅 전략(시장 환경 분석)

• 상황분석

1) 현재 상황을 종합 분석하라,

2) 회사의 상대적 위치, 장단점, 현 경쟁사, 다른 영역의 잠재적 경쟁사, 업계 동향, 사회트렌드 변화를 파악하라.

3) SWOT(강점,Strength), 약점(Weakness), 기회(Opportunity), 위협(Threat) 요소를 분석하라.

4) 기존 창조물의 정보(불편, 문제점, 식상, 모방, 어떤 문제·결핍·격차 등)

5) 과거 현재 미래의 시간적 변화를 고려하라.

6) 무대, 판, 공간, 배경, 전체를 구분하라.

• 문제 인식

1) 문제를 발견하라.

2) 문제를 발견하여 반대요소, 제약사항, 모순을 파악하여 정의하라.

3) 미래와 트렌드의 불균형을 포착하라.

4) 새로운 정보 구분, 새로운 카테고리 분류, 새로운 타깃 조합을
   시도해보라.

• 새로운 비즈니스 무대와 범위 재설계

1) 가능한 돌출요소들을 모두 고려하라.

2) 전체 가이드라인(guideline)을 재설정하라.

3) 비즈니스 무대 자체를 바꾸거나 확장하라.

2단계. 두근두근 연결조합 전략단계(핵심요소들의 두근두근 새로운 조합)

1) 무대 안에 다양한 '핵심요소'들의 만남을 지원(초연결, 열린 사고,
   차별금지, 열린 상호작용, 존엄과 평등정신)

   - 현재의 데이터 요소

   - 고려할 요소, 문제, 포커스, 핵심요소

   - 생활 속에 다양한 발견

   - 과거의 요소, 현재의 요소, 미래의 요소

   - 자신의 경험과 기억들

   - 교과서, 역사적 사례

   - 다양한 정보

   - 다른 분야의 선진사례와 아이디어

   - 이 세상 어딘가 누군가에서 더 또는 가장 뛰어난 아이디어

- 현재 듣고 보고 느낀 것

- 조합이 가능한 주변 요소(열린 마음)

2) 그 핵심요소들이 어떻게 조합되는지 지켜보며 자신을 믿어라.

3단계. 착상 전략단계(핵심 전략 포인트 도출)

1) 핵심요소들을 새로운 무대 안에 넣고 집중력, 미침, 여유를 반복하여 새로운 조합을 시도한다.

2) 다양한 요소와 사례, 정보들의 새로운 조합을 이루도록 주문을 걸어라.

3) 새로운 조합에 의하여 전략적 포인트는 느닷없이 온다.

4) a냐? b냐? 양자택일의 상황에서 두 요소를 모두 택할 수 있는 더 큰 조합을 세팅한다.

5) 언제 어디서 어떻게 섬광 같은 통찰력으로 전략 포인트를 도출한다.

6) 새로운 틈과 기회의 발견

7) 정보 구분

8) 새로운 재료 발견

9) 전략 포인트 도출

4단계. 쑥쑥 전략단계(프로모션과 집행)

1) 전략포인트가 제시하는 구체적인 비전(꿈)과 목표설정
2) 프로젝트팀 구성 및 프로젝트 기획 구성
3) 전략포인트에 따른 판정기준 마련
4) 전략포인트에 따른 시뮬레이션

5단계. 창조 전략단계(결과도출)

1) 전략 포인트에서 도출된 목표를 실현하기 위한 구체적인 실행
   체크포인트 마련
2) 세부 계획과 우선순위 결정
3) 결단력을 가져라!
4) 실행과 결과에 따른 효과적인 메뉴얼 구축
5) 평가와 보완

마이클 포터의 비즈니스 경쟁전략론은 '일 통찰'을 통해 일의 창조 절차를 하나로 연결하여 세팅함으로써 비로소 완전해졌다. 4차 산업혁명 시대 창조프로세스로 통찰하는 비즈니스 혁신전략은 시장변화에 따른 대응과 변주 능력을 갖추는 것이다.

새로운 변수나 연결의 문제가 생겼을 때는 다시 무대에서 새로운 요소를 투입한 차별적 두근두근 조합으로 기존에 없는 전략 포

인트를 찾아내 실행하면 된다.

창조프로세스 비즈니스 전략사고는 우리가 일상에서 해결해야 하는 수많은 '경쟁전략' 측면에서도 매우 창조적인 답을 제시해 준다. 경제학적 관점에서는 생산량을 늘리기 위해 가장 손쉬운 방법은 먼저 '노동력'을 많이 투입하는 것이다.

그러나 곧 숨은 발밑의 무대가 딴죽을 건다. 비즈니스 판의 크기가 이미 한정돼 있으므로 점점 더 많은 노동력을 투입해도 어느 순간부터는 생산량이 더는 늘어나지 않는다. '한계생산력 체감의 법칙'이 작용하기 때문이다.

투입량에 한계가 왔다면 다음으로 할 수 있는 건 '노력'이다. 정해진 시간에 더 빨리하면 더 많이 일할 수 있다. 다음에 할 수 있는 것은 '설비투자'다.

다음 단계는 '생산기술력'을 높이는 일이다. 최종적으로 생산량을 늘리는 것은 같은 무대를 공유하는 '신뢰'라는 사회적 믿음을 구축함으로써 생산량을 최고 수준으로 향상시킬 수 있다.

이로써 창조프로세스 전체가 완성되는 시점에 가장 극대화된 생산량을 창조할 수 있게 된다. 우리는 이 전체를 하나로 통찰하고 있으므로 더 좋은 경쟁전략으로 다음 대안이 무엇인지 명확하게 알 수 있다.

실제로 나는 창조프로세스를 적용하여 비즈니스 경쟁전략을 수행해서 성공적인 결과를 얻은 경험이 있다.

'정보제공 사이트'인 우리 회사의 가장 좋은 경쟁전략은 무엇일까? 바로 많은 정보의 양을 한 곳에서 볼 수 있게 모아 두는 것이다. 그러나 곧 경쟁자들도 손쉽게 정보량을 확보하여 정보량이 의미가 없어졌다. 이때 한 발이라도 더 빠르게 정보를 제공하는 방법으로 타 사이트와 차별화를 만들어 낼 수 있다. 가장 빠른 정보제공이 경쟁력이 된 것이다.

물론 이런 속도 경쟁력은 눈에 드러나는 전략이기 때문에 금세 경쟁자들도 따라 한다. 어느 시점부터는 반드시 정보의 양과 속도가 평준화된다.

그렇다면 다음 단계에서는 무엇을 경쟁전략으로 삼아야 할까? 우리는 '집중적이고 깊이 있는 핵심 전략'을 제시하기로 했다. 이를 위해 정보제공과 코칭(멘토링)의 다른 요소를 결합했다. 단순한 정보제공에서 벗어나 전문화된 분석력, 해석력, 예측력, 컨설팅 능력을 통해 개인에게 심화한 정보를 제공함으로서 다른 기업들이 쉽게 흉내 낼 수 없는 차별적인 가치를 창조할 수 있다.

- 무대 재설계 : 공모전 정보제공 무대 → 공모전을 통한 지식창조 멘토링 교육 무대
- 두근 + 두근 연결 : 공모전 정보를 제공한 후, 해당 공모전의 도전 전략 분석 및 아이디어 발상 멘토링 접목

새로운 무대에 새로운 초연결이 이루어지면 경쟁자들은 쉽게 따

라오기가 힘들어진다. 물론 경쟁자들도 나름의 방식으로 전문성을 위해 노력할 것이다. 그러나 우리는 다음 단계의 명쾌한 경쟁전략이 있음을 이미 알고 있다.

궁극적으로 정보를 제공하는 정보제공 사이트와 정보를 얻고자 하는 고객이 함께 공존하고 신뢰하는 무대를 구축하면 된다.

고객이 스스로 고급정보를 생산하고 사이트에 제공하고 유무형의 이익을 함께 나누며 제공자와 소비자의 경계를 허물고 같은 비전을 공유하는 수준의 단계가 남아 있다.

경쟁전략이란 다음 단계들의 모든 승리의 패를 테이블에 모두 올려놓고 그때그때 가장 적절한 전략 카드를 꺼내 경쟁자보다 항상 우위를 점하는 것이다. 머릿속에 창조프로세스를 넣어두고 '일통찰'의 사고를 한다면 경쟁전략이 쉽게 나온다.

알아두세요. 비즈니스 경쟁전략

* 경쟁자의 전략을 보고 경쟁전략을 찾는다. (X)
* 다음 단계들의 모든 승리의 패를 테이블에 모두 올려놓고 그때그때 가장 적절한 전략 카드를 꺼낸다. (O)

제로베이스 사고 모형

많은 사람이 목표를 세우지만 대부분 작심삼일로 끝나곤 한다. 목표라는 건 사실 이루는 것보다 이루지 못할 가능성이 더 크다.

왜 그럴까? 목표가 잘못 설정되기 때문이다. 그냥 내 머리에 떠오르는 그럴듯한 목표를 정했기 때문이다.

사실 목표를 설정하고 그것을 실천하여 결과를 만들어낸다는 전략적 사고는 인류를 합리적인 사고의 단계로 올려놓았다. 그러나 자기중심적 '목표'는 몇 가지 중요한 약점을 포함하고 있다. 어떤 무대 위에 '두근두근'의 과정을 거치지 않는 목표라는 점이다.

'두근두근이 없다'는 것은 우리가 제시한 목표에 반드시 딴죽을 거는 방해요소나 제약요소, 모순요소들이 수두룩하다는 의미와 같다.

나의 일방적인 목표는 '지금 당장', '나' 이외에는 무대 위에 아무도 허락하지 않았다. 창조를 결정하는 무대라는 보이지 않는 손이 공감해 주지 않는다. 상대도 마음을 열고 반응해 주지 않는다. '왜 그런 목표를 네 맘대로 정했지? 난 이해할 수 없어서 반대일세!' 그래서 고립된 목표는 '실패'로 끝난다. 신년 새해 목표가 작심삼일作心三日이 되는 원리다.

목표를 설정하는 순간, 목표의 방해자들이 동시에 등장한다. 목표설정이 바닷가 모래성이라면, 어느새 보이지 않던 파도라는 방해요소가 밀려와 쓸어버리는 식이다. 모래성과 파도는 바닷가라는 무대 위에 한 세트다. 이 점을 기억해야 한다.

그렇다면 진정한 창조적인 목표는 무엇인가? 우리의 목표가 평면적이라는 사실을 받아들여야 한다. 다시 생각하여 입체적인 목표로 바꾸어야 한다.

평면적인 목표에서 입체적인 프로세스 사고를 하려면 먼저 마음을 비우고 처음부터 다시 생각해 보는 사고가 필요하다. 즉, 제로베이스에서 출발해야 한다.

함부로 눈이 목표를 좇기 전에 우리 발밑의 끈끈이 무대를 읽고 분위기 파악부터 해야 한다. 그 후 다양한 요소들을 조합하여 최적의 전략을 끌어내야 한다. 이것이 제로베이스 사고다.

제로베이스 사고를 통해 덥석 미끼를 물지 않는 것이 중요하다. 그래야 핵심 전략을 찾아내 낼 수 있다. 핵심 전략은 무대의 영역 안에 무수한 데이터들이 연동되어 두루두루 다양한 핵심요소들과 고려사항들이 두근두근 하나로 조합돼 나온 것이다.

모든 요소가 두루 고려됐기 때문에 방해자가 없고 제약조건들을 고려했으며 반대파를 설득했고, 이 과정을 거쳤기 때문에 '성공'의 확률이 높아진다.

목표와 핵심 전략 포인트의 차이

- 목표 : 평범한 사람들이 선택하는 전략, 내 마음대로, 의사결정하기 쉬운 편한 길로 의사결정하기. 아무것도 연동돼 있지 않은 목표를 실행시켰을 때는 실패확률이 높다. ('나'의 요소들이기 때문에 실패한다. 결정하기 쉽다. 편한 대로 하면 된다. 나의 관점, 나의 편리함, 나의 이익, 나의 단순함, 나의 단기적인 답)
→ 전체가 아닌 부분을 선택해 내가 의사결정하기 쉬운 요소들을 조합하여 설정

- 핵심 전략포인트 : 창의적인 사람들의 전략, 무대가 제시하는 대로, 모든 핵심요소를 두루 고려한 창조프로세스에 따라 판단하기. 무대 위에 모든 요소가 연동돼 수렴과정을 거친 핵심 전략포인트를 실행시켰을 때 성공확률이 높아진다. (나의 목표 외에 상대적이고 외적인 여러 가지 모순, 제약, 반대 요소들을 모두 검토한 후 가장 최선의 답을 찾는다.)
→ 무대 위의 모든 요소가 엮여 있어 모든 것을 통제할 수 있는 창조적인 의사결정 프로세스를 조합하여 설정

목표와 핵심 전략 포인트 사이에는 처음부터 생각할 수 있는 제로베이스 사고가 있다. 이게 무슨 말이냐 하면, 인간은 누구나 먼저 목표를 떠올리기 때문이다. 먼저 떠오른 그 목표를 그대로 설정하

면 하수가 되고, 다시 제로베이스로 돌아가 생각하면 핵심 전략 포인트가 나온다.

목표나 핵심 전략 포인트가 겉으로는 동일한 것처럼 보이지만, 본질은 하늘과 땅 차이다. 목표는 지식과 정보를 산더미처럼 분주하게 쌓거나 다양한 경험을 연결고리 없이 축적한다. 낱개로 존재하다 시간이 지나면 흩어지고 사라진다. 하지만 핵심 전략 포인트는 가장 먼저 자신의 인생 문제를 탐색한다. 끈끈이 무대를 세팅하여 프로세스 안에 지식과 정보와 경험을 끊임없이 연결해 나간다. 언젠가 인생의 문제를 해결하고 한 분야의 전문가가 되어 창조할 것이라 확신하고 한 걸음씩 나아간다.

알아두세요. 목표설정의 방법

* 목표를 정해 무작정 돌진한다. (X)
* 끈끈이 무대 전체를 통찰한 후 나의 재능과 끼에 모순, 제약, 반대 등 다양한 요소들을 두루 고려하여 창의적인 전략 포인트를 정해 실행계획을 세워 하나씩 수행한다. (O)

아이디어 발상 25 모형

아이디어를 얻는 방법은 무엇이 있을까? 유명한 아이디어 발상법으로 우리에게 익숙한 브레인스토밍부터 오스본의 체크리스트, 만다라트, 스캠퍼(SCAMPER), 모순극복의 트리즈(TRIZ) 등 무수히 많은 방법이 제시돼 있지만, 창의적인 아이디어 발상법은 오직 딱 하나뿐이다. 창조프로세스를 세팅하여 단숨에 25가지 아이디어를 발견해 내는 능력이다.

아이디어 발상 스킬은 쉽다. 먼저 관심 분야나 제시된 주제의 무대를 세팅해 놓고 그 무대 위에 문제나 핵심요소를 배치해 놓는다. 그러면 다른 핵심요소가 반드시 존재한다. 서로 다른 요소를 섞어 새롭게 조합해 보는 것이다.

우리 주변의 정보, 깊숙이 저장된 뇌 도서관의 기억, 책이나 신문을 통해 접한 새로운 데이터, 전혀 다른 분야의 아이디어나 사례들을 합쳐 새롭게 조합해 나가면 된다.

실제로 우리 뇌 속에서는 우리도 모르는 사이에 이런 활동을 계속하고 있다. 특별한 아이디어를 찾으라고 주문하면 우리 뇌는 밤낮없이, 심지어 꿈을 꾸면서도 새로운 조합 활동을 수행한다.

그러다 문득, 무대 위에 서로 다른 요소가 두근두근 새로운 조합으로 하나가 된다. 어떤 요소와 다른 요소가 딱 맞아떨어지는 순간 착상이 이루어진다.

이때 비슷한 정보를 조합해서는 안 된다. 서로 모순되고, 대립되고, 유전적 정보가 멀며, 양자택일의 상황처럼 전혀 연동되지 않을 것 같은 정보를 조합해야 한다. 그래야 아이디어의 가치와 수준이 높아진다.

창조프로세스에 따라 생각의 무대는 반드시 다양한 요소들을 착상시켜 조합해낸다. 잠재의식 속에서 이루어진 이 새로운 정보의 조합에 따라 뇌의 전두엽에서 의식 수준 상태로 끌어 당겨져 인식될 때, '영감'이 번쩍 떠오른다.

• 미지 생각 영역 → 기존 데이터 + 새로운 데이터 투입 → 아이디어 착상
  → 뇌의 인식 → 영감

아이디어의 창조과정은 철저하게 절차와 패턴에 따른다. 아이디어나 영감은 단 하나의 예외도 없이 필연적으로 창조프로세스를 거쳐 떠오른다.

이는 뇌 과학 연구에서 밝혀진 보편적인 진실이다. 실제로 직접 경험한 몇 가지 사소한 '아이디어' 발상 과정만 들춰 봐도 알 수 있다.

어느 일요일, 아침부터 아내가 방 안의 무거운 책장을 거실 건너편으로 이동시켜야 한다고 했다. 두꺼운 원목으로 만들어진 책장

은 무게가 만만치 않았다. 아내와 함께 책장을 들더라도 그리 쉽지 않을 것이라는 생각이 들었고, 평소에 좋지 않았던 허리를 다칠지도 모른다는 생각이 들었다.

무슨 좋은 방법이 없을까? 뭔가 새로운 아이디어를 생각하던 중 어릴 때 동네 뒷산에서 눈이 온 겨울이면 비료포대로 미끄럼을 타던 기억이 떠올랐다. 무거운 가구 옮기기와 어릴 적 하얀 눈이 내린 뒷산 묘지에서 비료포대를 타고 놀던 기억이 겹쳤다.

그때 비료포대를 타고 미끄럼 놀이를 하던 추억을 활용해 책장을 미끄러지게 끌고 가면 어떨까 하는 생각이 떠올랐다. 즉시 베개 두 개를 가지고 와서 책상 양쪽 바닥에 집어넣었다.

베개 위에 올라선 육중한 무게의 원목 책장이 마치 비료포대를 탄 아이처럼 너무나 가볍게 미끄러졌다. 단 20여 초 만에 힘 하나 안 들이고 무거운 원목 책장을 원하는 위치로 이동시켰다. 환호성을 질렀다.

간단한 아이디어지만 탄생과정을 돌아보면 창조프로세스 그대로다. 이 무거운 원목 가구를 무작정 이동시키려는 시도를 거부하고, 우선 '생각의 무대'를 넓게 잡았다.

약한 허리를 다치지 않으면서 힘들이지 않고도 쉽게 또 편하게 무거운 책장을 옮길 방법 등 다양한 요소를 고려했고, 나의 뇌 도서관에 있을 만한 오래된 기억과 정보들을 포함할 수 있도록 넉넉하게 생각의 무대를 구획했다.

그렇게 끈적끈적해진 미지의 생각 주머니 안에 '무거운 책장의 편한 이동'이라는 기존의 문제 정의의 값이 자리를 잡자 자동으로 다른 기억이나 경험, 주변의 제2 요소들이 조합되기 시작했다. 그러다 어릴 적 경험이었던 '눈 위의 비료포대 타기 놀이'의 기억이 떠올랐고 두근두근 새로운 조합이 이루어졌음을 포착했다.

결국 두근두근 연결과정에서 '책상 밑에 베개를 깔고 미끄러지듯 이동시키면 되겠다'는 아이디어가 튀어나왔다. 아이디어를 실제 적용해 보니, 육중한 책장을 비료 포대 타기 놀이처럼 미끄러지듯 가볍게 이동시킬 수 있었다.

두 번째 아이디어를 떠올린 상황을 보자. 홈페이지 메인에 표출되는 이미지가 깨져서 보기 싫었다. 등록된 사진과 표출되는 사진 사이에 가로세로 비율이 맞지 않았기 때문이다. 좋은 수가 없을까?

이 문제를 해결해야겠다는 생각을 계속 물고 늘어졌다. 그렇게 고민하다 보니 갑자기 '섬네일(Thumbnail) 이미지란 게 있잖아!' 하고 아이디어가 번쩍 떠올랐다. 섬네일은 외부에 표출용으로만 사용되는 전용 규격 사진을 말한다.

이 아이디어를 떠올린 과정을 추적해 보면, 가장 먼저 '생각의 영역'이 세팅돼 있었다. 문제가 분명했고 문제를 해결할 방법을 찾아야 했다. 그러다가 며칠 전 친구가 운영하는 사이트에 글 하나를 올리다가 '표출용 이미지' 기능이 있다는 것을 알게 됐다. 물론 그때는 그 기능이 아무런 의미가 없었기 때문에 기억에서 지워버렸다.

그렇게 며칠이 지났는데 우연히 아이디어를 찾던 그 순간 머릿속에 '표출용 이미지' 기능이 생각났고, 문제를 해결할 방법을 생각해 냈다.

창조프로세스로 해석하면 불편하고 끈적끈적한 무대가 세팅된 그 순간에, 표출되는 이미지가 유난히 깨져 보인 핵심요소가 순식간에 다른 핵심요소인 기억들을 불러들여 새롭게 조합시켰다. 결국 '우리 표출 이미지도 섬네일 사진 기능을 추가하면 된다'는 아이디어가 번쩍하고 떠올랐다.

얼핏 보면 세상의 모든 아이디어는 우연히 떠오르거나 마치 신이 선물로 던져준 것처럼 보이지만 실제로는 하나같이 공식대로, 절차대로, 프로세스대로 하나씩 점검하는 과정을 거쳐 나왔다는 사실을 알 수 있다.

- 무대 세팅 : 어떤 생각의 영역이 만들어진다.
- 두근 + 두근 연결 : 생각의 무대 위에 내가 가진 다양한 정보들이 뭉쳐 핵을 이룬다. 이때 다른 요소들(과거 정보, 현재 정보, 미래 정보)이 접목되어 새로운 조합값을 찾는다.
- 착상 : 서로 다른 것이 두근두근 하나로 새로운 조합을 이룬다.
- 쑥쑥 : 조합된 아이디어를 즉각, 혹은 잠재된 아이디어라면 어느 순간 갑자기 뇌가 인지한다.
- 결과 창조 : 번쩍 하고 머릿속에 영감이 떠오른다.

진정으로 아이디어 발상 과정을 이해하고 훌륭한 아이디어꾼이 되길 원한다면, 창조프로세스를 적극적으로 활용해야 한다. 그 생각 절차를 밟아나가면 아이디어는 훨씬 쉽게 튀어나온다. 구체적인 스킬은 다음과 같다. 우선 창조프로세스를 종이에 메모한다.

무대 → 두근두근 연결 → 착상 → 쑥쑥 → 결과(창조)

주제, 해결, 사물, 상황 등 아이디어를 생각해야 할 대상을 결과 값 아래에 메모해 둔다. 그 결과의 이전 단계들의 전제 요소들을 대입해 보며 다음과 같은 창조프로세스 시뮬레이션을 해 본다. 공간의 연결을 재조합하고 시간의 단계를 분류하여 다시 각 단계의 핵심을 정리하면 아이디어는 저절로 나온다.

단숨에 아이디어 발상 25 창조프로세스

• [무대 세팅] 무대나 환경 자체를 바꾸거나 좁히거나 늘여 기존과 다르게 세팅하라.

아이디어 발상 ① 모순이나 양자택일, 즉 이것과 저것 중 하나를 선택하지 말고 그것들이 모두 함께 발 딛고 있는 무대, 판, 영역, 경계, 교집합, 사이, 관계, 시공간적 환경과 배경, 연관된 범위, 공유하는 진리, 공감, 숨은 의도의 관점을 찾아보면?

아이디어 발상 ② 발견한 무대를 아예 다른 무대로 옮기면?

아이디어 발상 ③ 시간과 공간의 무대를 우주까지 넓히거나 원자 단위로 좁히거나 과거, 현재, 미래의 범위를 새롭게 구획하면?

아이디어 발상 ④ 다른 원료나 재료를 사용하면?

아이디어 발상 ⑤ 불편, 부족, 요구도 등 문제 정의를 정확하게 하거나 새롭게 문제를 정의해 보면?

• [두근 + 두근 연결] 새로운 요소를 두근두근 조합시켜라.

아이디어 발상 ⑥ 기존 요소에 새로운 다른 요소(최신 트렌드, 기술, 연구, 발견 요소, 기능 등)를 연결하면?

아이디어 발상 ⑦ 일상에서 우연성이 주는 데이터의 두근두근 만남을 기대해 보거나 기존의 성공사례나 전혀 다른 분야의 사례를 적극적으로 추가해 보면?

아이디어 발상 ⑧ 관계를 더욱 긴밀하게 두근두근의 수준을 높여 보면?

아이디어 발상 ⑨ 기존 요소의 관점을 거부하거나 새로운 연결요소까지 거부해 보면?

아이디어 발상 ⑩ 결합한 요소들을 하나하나 따로 떼거나 쪼개 보면?

- [착상] 핵심 전략을 바꿔라.

  아이디어 발상 ⑪ 선택과 집중을 하면?

  아이디어 발상 ⑫ 멋진 이름을 붙여 주면?

  아이디어 발상 ⑬ 핵심콘셉트나 스타일을 찾아 변화시키면?

  아이디어 발상 ⑭ 더욱 강력한 성능을 향상하거나 집중을 하면?

  아이디어 발상 ⑮ 더 좋은 해결책을 제시하면?

- [쑥쑥] 실행과 피드백, 효과를 바꿔라.

  아이디어 발상 ⑯ 남들보다 더 빠른 실행

  아이디어 발상 ⑰ 남들보다 더 빠른 피드백을 하면?

  아이디어 발상 ⑱ 더 재미있게 스토리텔링을 하면?

  아이디어 발상 ⑲ 구체적인 실행방안, 세부 계획을 쪼개 제시
  하면?

  아이디어 발상 ⑳ 시뮬레이션으로 보여주면?

- [결과 창조] 더 나은 결과물로 표현하라.

  아이디어 발상 ㉑ 더 멋있게 세련되게 간단하게 표현해 보면?

  아이디어 발상 ㉒ 디테일한 완성도를 높이면?

  아이디어 발상 ㉓ 기대효과, 경제성을 보여주면?

아이디어 발상 ㉔ 현실 적용 가능성, 파급효과를 높인다면?

아이디어 발상 ㉕ 구체적인 결과 상태를 상상할 수 있도록 해
주면?

모든 새로운 아이디어들은 지금 어떤 무대의 창조프로세스 안에
서 숨어 있다.

> **알아두세요. 창조적 아이디어 발상법**
>
> * 머릿속에서 아이디어를 짜낸다. (X)
> * 어떤 것의 창조프로세스를 정리한 후 그 속에서 아이디어를 발견
>   한다. (O)

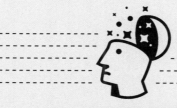

5장 조직통찰

조직문화가 나를 지배한다!

조직문화가 업무를 통제한다!

오랜 세월 '원하던 직업'을 갖고 '좋아하는 일'을 하고 난 후였지만 일에 대한 소회를 밝히자면 '너무 힘들었다!'이다.

세상에 쉬운 일이란 있을까 싶기도 하지만, '일이란 왜 그토록 힘들까?' 지나고 나서 생각해 보면 그 이유가 하나둘씩 고개 들기 시작한다. 가장 먼저, 일이라는 것이 나만 잘한다고 되는 것이 아니고, 내가 맡은 업무만 잘한다고 되는 것도 아니기 때문이다. 조직이란 내가 맡은 일을 잘해야 하는 것은 기본이고, 동료나 상하 직원들은 물론 수많은 고객과 원만한 인간관계와 팀워크를 발휘해야 하는 곳이다.

또 '일'이 어려운 건 시간이 제한된 '데드라인(Deadline)'을 가지고 있기 때문이다. 그것도 될 수 있는 한 '빨리' 처리해야 하는 '속도전쟁'을 늘 벌여야 하는 곳이 바로 직장이다.

일은 또 보이는, 심지어 보이지 않는 경쟁자들이 수두룩하다. 느닷없이 보이지 않는 경쟁자들이 불쑥 등장해 우리의 비즈니스를 위협하니 그저 하던 대로 일을 성실하게 열심히 한다고 잘 되는 것이 아니게 된다. 하던 대로 하는 것은 성장의 멈춤이요, 비즈니스에서 멈춤은 곧 퇴보를 의미한다.

일이 힘들었던 이유는 이것들뿐만이 아니다. 우리의 의도와는 상관없이 비즈니스 무대는 변하고 고객들의 마음도 하루가 다르게 늘 달라진다. 우리가 아무리 치열하게 지금, 이 순간 일을 잘한다 해도 세상은 계속 달라지고 트렌드는 시시때때로 변하고 고객의 관심사는 확확 바뀌는 걸 막을 수는 없다.

4차 산업혁명 시대가 모든 기업들이 간절하게 요구해서 도래했겠는가? 스마트 기술이나 인공지능이 모든 직장인이 원해서 개발된 것도 아닐 것이다. 일이란 건 원래 우리가 예상하는 바대로 잘 안 된다. 여러 문제가 한꺼번에 몰려드는 것이 일의 징크스요, 여기서 터지고 저기서 터지고, 그렇게 내 안팎 관계에 치이다 보면 어느 날 '번 아웃(Burn-out)'이란 놈이 깊숙이 내 안에 똬리를 틀고 자리 잡게 될 것이다.

직장이라는 배에 탑승한 직장인은 그 배의 크기에 따라 부침이 다를 수 있지만 매 순간 위기인 건 어떤 배라도 다를 바 없다. 한 외국계 기업 CEO의 경영전략 특강을 들은 적이 있다. 강연이 끝나자 청중이 이렇게 질문했다.

"남들이 부러워하는 외국계 기업에 다녔으니 즐겁고 성공적인 직장생활이었을 텐데, 그래도 가장 힘들었던 점이 있었다면 무엇이었나요?"

그 CEO는 다음과 같이 답했다. "입사 초기 처음 기획서를 들고 갔을 때 외국인 상사들에게 혼났던 기억이 가장 먼저 떠오르네요. 상사는 내 기획서를 보더니 이런 보고서가 어디 있냐고 말하는 거예요. 그러나 내 생각에는 세심하게 정성을 쏟아 쓴 보고서였거든요."

나중에 외국계 기업에 익숙해지면서 자신의 보고서가 어떤 실수를 했는지 깨달았다고 했다.

"우리 기업과 서양 기업의 정서와 문화는 매우 다르다는 사실입니다. 외국계 기업은 철저하게 데이터와 숫자 위주로 커뮤니케이션이 진행됩니다. 심지어 CEO인 자기조차 자신의 1,000원짜리 지출을 회사비용보다는 개인비용으로 처리하는 게 옳다는 본사의 권고가 올 정도니까요. 그런 데이터 근거가 작동되는 문화에 적응하는 게 가장 힘들었죠."

외국계 기업을 꿈꾸는 젊은이들에게 역시 "유일한 설득방법은 데이터를 통한 논리적인 보고뿐"이라고 조언한다. 그런 서양의 합리적인 사고방식을 정확하게 이해하고 거기에 적응해야 외국계 기업에서 성공할 수 있다는 설명이었다.

기업 리더의 경영철학도 조직문화에 큰 영향을 미친다. 내가 아는 기업의 대표 두 명에게 어떤 직원이 가장 좋으냐고 질문하니 각각 이렇게 대답했다.

• 첫째 리더 : "꼼꼼하게 일했으면 좋겠어요."

• 둘째 리더 : "포기하지 않는 끈기를 가지고, 목표가 생기면 끝까지 밀어붙이는 추진력이 있었으면 좋겠어요."

각각의 리더들이 이끄는 조직문화의 차이는 크게 날 것이다. 첫째 리더가 이끄는 기업은 일을 꼼꼼하게 관리하고 점검하고 실수가 없도록 하는 문화가 발전할 것이고, 둘째 리더가 이끄는 기업은 거칠고 실수가 있더라고 적극적으로 부딪쳐 문제를 해결하고 결과를 내는 조직문화가 형성될 것이다.

창의하는 조직문화가 있는가 하면 오히려 창의하지 않아도 되는 조직문화가 있고, 사람들이 주도적으로 일하는 조직문화가 있지만 주어지는 일을 착실히 수행하는 조직문화도 있다. 그러니 창의적인 일은 창의적인 조직문화에서 나올 가능성이 크다.

사업 규모가 커질수록 시스템이 결정하는 조직문화가 주도할 것이고, 조직문화가 소통의 수준을 결정하게 된다. 좁은 취업 문을 통과해 환희에 차서 직장인이 됐지만, 직장이 가지고 있는 저마다의 특수한 조직문화 속에서 한 개인이 버텨내기는 결코 쉬운 일이 아니다.

한국고용정보원의 '고용보험통계자료'를 보면, 한 해 평균 직장인 2명 중 1명은 퇴사한다. 직장생활이 그리 만만치 않다는 걸 알고 있어야 한다.

자기만 열심히 한다고 잘 될 것이라는 믿음이 오히려 힘들게 할 수 있다는 사실을 기억해야 한다. 직장에서 가장 중요한 어려움은 관계에 일어난다. 조직에는 언제나 사람들이 있다.

사람들은 모두 합리적이고 논리적이고 이성적이지 않다. 인간은 제각기 자기 관점, 자기 수준, 자기 이익, 자기 본능에 충실하여, 때론 비합리적이고 비논리적이고 비이성적으로 사고하고 판단한다.

자신도 왜 그런 결정을 하는지 모른 채 지시하는, 무의식의 지배를 받는 존재이기도 하다. 우리는 그런 사람들이 만들어가는 조직문화 속에서 일해야 한다. 만약 지금의 조직문화가 당신을 힘들게 한다면 다음 3가지 방법을 활용해 보라.

첫째, 월급의 50%는 조직문화에 대한 적응의 대가라고 생각하라.

"당신이 받는 월급의 절반은 조직문화에 적응하여 관계를 맺는데 드는 대가다." 내가 후배 직장인들에게 늘 농담 삼아 했던 이야기다. 이 말은 실제로 효과가 있다. 사람 관계에서 받는 스트레스를 크게 줄일 수 있기 때문이다.

100% 만족하는 회사는 없다. 자신이 아무리 좋아하는 일이라도 조직문화가 맞지 않으면 힘들고, 조직문화가 잘 맞더라도 업무와 맞지 않으면 일이 어려워진다.

둘째. 인간의 다름을 이해하라. 사람은 다르다. 세대 차이, 상하 직위 차이, 부서 차이, 성격 차이, 교육 차이, 지적 수준 차이, 기술 차이, 업무능력 차이, 일하는 방식 차이, 선호도 차이, 중요도 판단

차이, 세계관 차이, 관점 차이 등이 존재한다. 이런 다양한 차이를 지닌 사람들이 모여 있는 특수한 집단이 바로 직장이다.

당연히 조직의 인간관계는 어렵다. 그 사실을 당연한 것으로 받아들여라. 그럼 상대 관점에서 역지사지할 마음의 여유가 생긴다.

셋째, 조직문화는 인간관계로 만들어지고 인간관계는 사람의 마음을 얻는 것에서 출발한다는 사실을 기억하라. 사람과 사람 사이를 연결하는 마음을 이해하는 것이 중요하다. 마음은 일상의 사소한 말과 행동에서 출발한다. 사람의 마음을 얻는 말과 행동을 매일 실천하라.

기억하세요! 조직문화에 대한 통찰

* 나만 열심히 일하면 된다. (X)
* 조직 관계가 일의 능력을 결정한다. 인간관계가 직장생활의 행복 정도를 결정한다. 고객 관계가 마케팅을 결정한다. (O)

일이라는 무대 위의 주연 배우들

마이클 E. 거버(Michael E. Gerber)는 '거버 비즈니스 개발'의 설립자로, 비즈니스에서 어려움을 겪는 수많은 개인 사업가들의 잃어버린 희망을 되찾아 주는 일을 하고 있다.

그동안 마이클의 회사로부터 도움을 받은 개인 사업가 수는 1만 명이 넘으며, 이들 대부분은 자신의 사업과 인생을 완전히 변모시킬 수 있었다.

소규모 개인 사업을 대상으로 하는 컨설팅 분야에서 마이클의 회사는 빠르게 성장했다. '미국의 개인 사업가들을 인도하는 사람'이라는 평가를 받는 마이클은 전 세계를 돌아다니며 개인 사업가와 기업체 임직원들을 대상으로 '세계적인 변화의 물결 속에서 혁신적 사업가로서의 사고방식은 어떤 역할을 할 수 있는가?'에 관한 주제로 강연을 하고 있다.

그의 약력을 먼저 소개하는 이유는, 그가 쓴 책 『내 회사 차리는 법』내용이 매우 흥미로웠기 때문이다. 그의 메시지는 독창적이고, 설득력이 있으며, 실질적으로 도움이 되는 내용으로 구성되어 있다. 그리고 무엇보다도 수백만의 독자와 의뢰인들 그리고 강연 참석자들에 의해 효과가 검증된 것이기도 하다.

마이클은 책에서, 일이 제대로 작동되기 위해서는 반드시 '사업가'와 '관리자'와 '기술자'라는 3가지 주연 배우들이 필요하다고 밝히고 있다. 그가 소개하는 주연 배우들의 특징을 요약해 보자.

우선 혁신적인 '사업가'다. 이들은 어떤 최악의 상황이라도 그것을 훌륭한 기회로 바꾼다. 그는 우리 안에 있는 이상을 추구하는 선구자이며, 모든 인간 활동의 근간이 되는 힘이다. 그는 앞날의 바람을 현실로 만들며 그것을 위해 지금의 자신을 변화시킨다.

혁신적 사업가는 과거에 살지 않는다. 간혹 현재에도 살지만 주로 미래에 산다. 그는 '만약 이렇게 한다면 앞으로 어떻게 될까? 또 언제 그렇게 될까?' 같은 상상을 할 때 가장 행복하다. 사업적으로 그들은 혁신가요, 위대한 전략가이며, 새로운 시장을 창출하거나 그에 부합하는 새로운 방식을 만들어내는 창조자들이다.

사업가적 기질에는, 미래에 대하여 생각하며, 가능성을 현실로 만들고, 복잡하게 널려 있는 것을 체계적으로 만들어내는 창조성이 있다. 이런 기질을 지닌 사람은 자기가 꿈꾸는 미래의 삶을 위해 현재의 자기 자신, 주변 삶들과 상황을 통제하면서 목표를 추구한다.

다음은 현실적이고 실용적인 '관리자'다. 관리자 없이는 계획이니 순서니 예상도니 하는 것들 역시 있을 수 없다.

관리자 성격은 '정리정돈'을 하는 것에서 나온다. 창고에 있는 너저분한 물건들을 깔끔하게 정리하고 상자마다 이름표를 붙여놓으려 하는 우리 안의 특성이다. 공구함에 해당 공구의 그림을 그려서 벽에 걸어놓기까지 한다.

사업가가 미래에 산다면 관리자는 과거에 산다. 사업가가 무엇을 통제하고 장악하려 한다면 관리자는 뭔가를 정돈하려 한다. 사업가가 변화를 토대로 발전을 추구한다면 관리자는 절대적으로 현재의 변함없는 상태를 추구한다. 사업가는 어떤 상황에서 기회를 찾지만, 관리자는 문제점을 찾는다.

사업가는 집 한 채를 지으면 곧바로 다음 집을 지을 계획을 세우지만, 관리자는 집 한 채를 짓고 그 안에서 영원히 산다. 사업가가 어떤 것을 만들어내면 관리자는 그것을 지을 계획을 세운다. 관리자는 사업가가 만들어 놓은 것을 정리하기 위해 존재한다.

사업가가 없다면 그가 할 일은 없을 것이다. 사업가 없이는 혁신이 없지만, 관리자 없이는 사회나 기업이 존재할 수 없다.

모든 위대한 성공의 출발점은 사업가의 비전과 관리자의 현실적 감각이 하나로 합쳐져 균형을 이룰 때 만들어지는 것이다.

마지막은 실무적인 '기술자'다. 기술자는 뭔가를 직접 실행하는 사람이다. 기술자는 무언가를 만지고 고친다. 분해하고 조립한다. 그들에게 일은 상상하는 것이 아니라 직접 수행하는 것이다. 사업가가 미래에 살고 관리자가 과거에 산다면 기술자는 현재에 산다. 직접 일을 대하면서 느끼는 것을 좋아하고 일이 이루어질 수 있다는 사실을 좋아한다.

기술자에게는 눈앞에 놓인 일 생각 이외의 것은 낭비다. 그래서 그는 고상한 이상이라든지 추상적인 개념 같은 것들에 대해 회의적이다.

생각하는 것은 일하는 것이 아니다. 그것은 오히려 일을 방해하기만 한다. 바로 이것이 기술자의 사고방식이다. 기술자는 자신이 존재하지 않았다면 세상은 지금보다 살기 힘들었을 것이라고 여긴다. 자신이 뭔가를 만들어내지 않았다면 사람들은 단지 그런 것에 대해 공상만 하고 있으리라 생각하기 때문이다.

마이클 E. 거버는 이 세 명의 캐릭터를 소개한 뒤 "관리자에게 있어 일이란 결과물을 위해 존재하고 기술자는 그 결과물을 만들기 위한 시스템의 한 부분일 뿐이다."라고 말했다. 그는 또한 "관리자에게 있어 기술자는 관리해야 할 하나의 요소이고 기술자에게 있어 관리자는 피해야 할 잔소리꾼인 것이다. 하지만 사업가는 이들 둘을 곤란에 빠뜨리는, 이들에게 있어 가장 우선적으로 피해야 할 골칫거리다."라고 정리했다.

기업의 경영은 환경과 트렌드가 변하는 상황에서 제한된 자원들을 조합하여 최적의 효율성을 추구해 목표를 달성하는 과정이다. 조직의 목적을 효과적으로 달성하기 위해 가장 중요한 건 역시 '인적 자원'이다. 조직 구성원들의 협동적인 노력을 끌어내는 게 기업경영이라면, 결국 혁신가, 관리자, 기술자가 핵심적인 역할을 맡게 된다.

어떤 조직의 현재와 미래를 제대로 알고자 한다면 그 회사의 혁신가, 관리자, 기술자가 누군지를 파악하면 된다. 우리 기업을 알고 싶거나 나와 중요한 파트너십을 가질 회사를 분석해 보고 싶다면 회사의 조직도를 살펴보고, 조직 구성원들이 어떤 역할을 어떻게 분담하고 있는지 파악하라.

〈예시〉

- 대표이사 – 부사장
- 관리팀 – 일반 관리업무, 인사, 회계, 교육, 사업기획, 마케팅, 경영검토, 투자
- 품질관리팀 – 품질관리, 검사, 시험
- 제조팀 – 생산, 공정관리, 설비관리
- 영업팀 – 수주관리, 납품 관리, 고객센터, 신규영업

만약 신입사원이라면 가장 먼저 우리 조직에 있는 '사업가'와 '관리자'와 '기술자'라는 3가지 주연배우를 찾아보라. 그리고 어떻게 조직원들이 역할분담을 하고 있는지를 파악해라. 그럼, 일이 창조되는 시스템을 훨씬 쉽게 파악할 수 있을 것이다.

기억하세요! 조직도를 파악하는 통찰

* 내 상사가 누구인지 파악한다. (X)
* 조직의 '사업가'와 '관리자'와 '기술자'가 누구인지 파악한다. (O)

다른 사람의 아이디어를 얻는 공모전

일을 잘하는 방법은 일과 관련된 모든 사람의 능력을 총동원할 수 있느냐와 밀접한 연관이 있다. 국가역량이라면 여성의 능력, 장애인의 능력을 활용할수록 총량이 커진다.

누구든 차별해선 안 되는 이유가 여기에 있다. 노예제도의 단점은 국가가 전쟁이 나도 노예를 동원할 수 없다는 점이다. 많은 자원과 생각을 모으면 모을수록 힘은 당연히 커진다.

모든 사람을 한 자리에 모으기는 힘들지만 다양한 아이디어를 한자리에 모을 방법은 있다. 널리 좋은 아이디어를 공개 모집할 수 있는 프로그램이 '공모전(Contest)'이다. 공모전이란 기업이나 정부 혹은 단체가 시상금을 걸고 사람들의 아이디어나 작품을 모아 우수작을 시상하고 이를 활용하는 형식으로, 다양한 사람들의 잠재적 역량을 모을 수 있는 가장 손쉬운 방법이다.

부산교통공사는 사내 직원 아이디어공모를 통해 2015년 한 해 총 29억 원의 수익을 냈다. 전동차 내 음성광고를 도입하자는 아이디어를 실행시켜 한 해 11억 원의 수익을 냈다. 한국전기공사에서는 사내 공모전을 통해 미래 전기자동차의 전기 공급을 도로변에 있는 전신주에서 공급받는 시설을 만들자는 아이디어를 대상으로 뽑았다.

　삼성전자는 임직원의 창의력을 북돋우기 위해 2011년 시작한 '크리에이티브랩(C랩)'이 정착하면서 다양한 아이디어들이 쏟아졌다. "나이가 들면 뇌졸중 위험이 커진다는데, 위험을 미리 알 수 있는 기기를 만들면 어떨까." 삼성전자 한 직원의 머릿속에 떠오른 생각이었다. 이 직원은 아이디어를 회사에 냈다. C랩은 혁신적 아이디어를 낸 임직원에게 아이디어를 구현할 기회를 주었다. 그는 1년간 개발할 시간과 예산을 회사로부터 얻었다. '뇌졸중 예고 모자'라는 이름의 이 프로젝트는 삼성의료원과의 협업을 통해 뇌파를 분석해 정상 여부를 판별하는 소프트웨어를 만드는 쪽으로 진행되었다. 성과가 나타나자 수천 명의 직원이 수천 건의 아이디어를 제안했다.

　사외 공모전의 경우엔 대학생 등 젊은이들에게 대단히 큰 인기를 누리고 있다. 문학이나 미술 등 전통적인 공모전 이외에 마케팅, 디자인, 광고, 논문, 아이디어 등의 분야의 경우 1등 시상금만 평균 500만 원에서 많게는 5000만 원~1억 원에 이르고 있다. 여기에 취업 특전이나 인턴, 해외연수 등의 각종 혜택까지 준다. 그러나 단순히 젊은이들만의 도전기회나 취업경력을 만들어 주는 유용한 프로그램으로 치부하기엔 공모전에 내재돼 있는 가치가 너무 크다.

　누구나 자유롭고 발 빠르게 현장의 좋은 아이디어를 나누고 그 아이디어로 새로운 경제 비전과 비즈니스 모델을 만들어내고 있기 때문이다. 이뿐만 아니다. 기업과 국가는 공모전을 통해 소비자와 국민과 소통을 강화할 수도 있다.

삼성경제연구소는 「기업의 인터넷 커뮤니케이션 전략」 보고서를 통해 네티즌과의 친밀감을 높이고 부정적 이슈에 적절히 대응하기 위한 전략을 다음과 같이 제시한 적이 있다.

"연구개발(R&D), 생산, 마케팅 등 다양한 부문에 걸쳐 네티즌의 의견을 수렴할 수 있는 창구를 마련하라. MS가 윈도우 비스타 출시에 앞서 베타버전을 전 세계 2백만 명에게 배포하고 문제점을 확인한 사례, 미 식품업체 프리토레이가 UCC공모전 응모자 중 5개를 선정해 슈퍼볼 경기 중 광고로 방송한 사례 등이 대표적이다. 네티즌의 아이디어를 공모, 선정, 활용하는 과정에서 교감을 형성하는 것이다. 인터넷 캠페인 사이트를 운영해 네티즌이 기업의 사회공헌활동에 참여할 수 있는 공간을 마련하는 것도 한 방법이다."

창의융합시대를 맞아 공모전은 지금 기업과 조직, 개인에게 엄청난 영향력을 행사하는 프로그램으로 발전하고 있다. 나는 '공모전의 10가지 힘'이란 글을 언론에 발표한 적이 있다. 그것을 요약해 소개해 본다.

첫째, 많은 기업이 창의적이고 도전적인 젊은이들을 발굴 지원하는 장학프로그램으로 공모전을 시행하고 있다.

둘째, 기업들은 인재상을 육체적인 힘 → 성실 → 학력 → 학점, 전문가(지식) → 글로벌/경험 → 아이디어·창의력 등으로 옮겨가며 주목하고 있다. 공모전은 창의적인 인재 발굴 수단으로 실제 기업의 문제를 해결해 내는 최적의 인재개발 프로그램이다.

셋째, 아이디어 시대는 일부 공급자나 엘리트들의 의도보다 개개인이 제안하는 집단 지성이 모여 훨씬 창조적이며 혁신적인 결과를 낳는다. '참여, 공유, 개방'이라는 연결의 철학을 현장에서 가장 효과적으로 활용할 수 있는 실제적인 프로그램이 바로 다양한 대중의 아이디어를 모집하는 공모전이다.

넷째, 대학생 80%가 "공모전 주최 기업 이미지가 좋아지고 신뢰도에 높아졌다"고 응답했다. 공모전을 진행하는 것만으로도 기업의 이미지를 긍정적으로 만들 수 있다는 점이 공모전의 힘이다.

다섯째, 가장 적은 비용으로 가장 짧은 시간에 최고의 창조적인 아이디어를 얻을 수 있는 프로그램으로 공모전만한 게 없다.

여섯째. 공모전은 잠재 고객이나 미래 고객들과 커뮤니케이션할 수 있는 프로그램이다. 자동차 기업은 미래 자동차 고객인 젊은이들과 공모전을 통해 교류하며, 아파트 기업은 미래 고객인 젊은이들과 공모전을 통해 미리 호흡할 수 있다.

일곱 번째, 공모전은 참여기회, 관심, 동기부여를 제공하는 효과적인 수단이다.

여덟 번째, 공모전은 기업의 브랜드나 신상품, 정부나 단체의 정책을 홍보하고 알리는 최적의 수단이 되고 있다.

아홉 번째, 기업 이해, 친기업적인 정서에 도움이 된다. 도전자로서 공모전에 참여하는 것은 바로 기업의 브랜드나 신상품 혹은 정부나 단체의 정책이나 주제를 명쾌하게 이해하고 알아야 한다는 전제조건이 필요하기 때문이다.

열 번째, 한 해 수천 개의 공모전을 통해 한 해 수십만 개의 지식이 창출된다는 측면에선 어마어마하다. 이 지식은 고스란히 우리 사회의 지식 총량이 되며 더 가치 있는 지식을 만드는 밑거름이 될 것이다.

현재 대한민국 100대 기업의 62% 이상이 공모전을 활발하게 진행 중이며 국가행정부나 시도 군·구 등 지자체에서 일반인은 깜짝 놀랄 만큼 많은 공모전이 진행되고 있다. 한 해 생겨나는 공모전만 수백 개에 이를 정도다.

이쯤 되니 성공을 꿈꾸는 기업이나 국가정책 기관이 공모전을 모르고 있다면 역량을 총동원하지 않는 것과 같다.

기억하세요! 공모전의 힘

* 소수 사람의 생각과 지혜를 가지고 일한다. (X)
* 다양한 사람들의 생각과 지혜를 널리 공모하여 많은 이들의 능력을 총동원한다. (O)

소통이 어렵다는 걸 인정하라!

직장인들이 "기업에 가장 잘 적응할 방법은 없을까? 어떻게 하면 일을 잘할 수 있을까?"를 고민할 때, 내가 만난 모든 기업의 리더들은 하나같이 "도대체 사원들을 어떻게 교육해야 할지 모르겠다."고 토로했다.

"직원들은 어떻게 일하는지도 모르고, 직원들은 자기 할 일만 하려 하고, 직원들은 뭘 해줘도 불만이고, 직원들은 자기 회사처럼 생각하지 않으며, 직원들은 끝까지 책임지려 하지도 않아요."

일하는 사람들은 지위에 따라 서로 다른 관점으로 일을 바라본다. '일'을 위해 만난 이들 모두는 서로 자기 시선으로만 일의 부분을 바라본다. '지위 상대성'이 만들어내는 깊고 넓은 강이 사이를 가로막고 있는 것이다. 늘 '소통, 소통' 하면서 그렇게 커뮤니케이션 교육을 하면서도 왜 서로 소통이 안 되고 있는지 이유조차 모른다. 서로에게 불만이 쌓여 있지만 서로 연결해줄 다리는 없다.

소통이 어렵다는 걸 받아들이는 게 소통을 할 수 있는 출발점이다. 소통이 안 되는 문제의 본질은 딱 꼬집어서 예를 들면 이것이다.

- 사원 : 가려우면 긁어!
- 대리 : 가려우면 빨리 침 발라!
- 과장 : 가려운 데는 물파스가 역시 직방이더라고!
- 리더 : 박람회장에 가서 꽃을 손으로 만진 후 가려워지기 시작
  했으니 항히스타민제나 알레르기 치료법을 사용해 보는 게 좋
  겠어!

소통의 본질은, 어떤 창조가 일어나는 프로세스 전체를 공유하
고 있느냐 하는 것이다. 말을 많이 하거나 커뮤니케이션을 많이 하
면 물론 도움은 되지만 그것이 창조적인 소통을 가능하게 하는 것
은 아니다.

사람과 사람 사이는 원래 불통 관계이다. 이것이 기본 전제조건
이다. 창조프로세스의 6개 요소를 거쳐야 창조 전체를 이해하듯,
소통 역시 6개의 장벽이 가로막고 있다는 사실을 알아야 한다. 소
통은 이 6가지 장벽을 무너뜨리고 건널 수 있는 섬을 건설하는 과
정이다.

진정한 소통은 침 바르기도 아니고 물파스도 아니다. 어떤 무대
에서, 무엇이 서로 만나, 어떤 것이 착상됐고, 어떻게 진행되어, 어
떤 결과가 나왔다는 전체 과정을 공유하는 것이다.

사람과 사람 사이에 장벽이 있다는 걸 이해하고 그 장벽을 허물
어 신입사원에서 리더까지 창조가 이루어지는 프로세스 그 자체를
공유해야 비로소 진정한 소통이 이루어진 것이다.

그 순간에 '항히스타민제'를 쓰는 것이 가장 창의적인 해결책이라는 점을 서로 이해할 수 있게 된다. 일이 어떻게 돌아가는지 진정으로 알게 되는 것이다.

> 기억하세요! 소통이 어려운 이유
> * 나와 상대가 대화하면 되므로 소통은 쉽다. (X)
> * 나와 상대 사이에 6가지 장벽이 놓여 있어 소통은 어렵다. (O)

커뮤니케이션을 넘어 창조적 소통으로

엄마가 등이 간지럽다고 하면 이때 등은 무대가 된다. 등의 무대를 분류하면 무수한 각 지점이다. 그중 왼쪽 날갯죽지 아래 5mm 지점이 간지럽다는 위치를 정확하게 공유해야 한다. 바로 정확한 지점이 소통되는 순간이다. 이처럼 시간상으로 현재, 공간적으로 등의 왼쪽 날갯죽지 아래 5mm 지점이 간지럽다는 것을 꼭 집어내는 것이 창조적인 소통이다.

이런 예처럼 시공간이 지정되고 창조프로세스를 공유할 때 소통은 의외로 쉽다. 그냥 창조프로세스 공식대로 하면 된다.

가령 누가 "물을 좀 갖다 줘."라고 부탁했다고 생각해 보자. 목이 마를 것이라고 생각하고 최대한 빨리 물을 갖다 주어야겠다는 목표를 수립한 후 정수기에서 최대한 신속하게 컵에 물을 받아 갖다 주니 "내가 마실 물이 아니라 화분에 줄 많은 물"이라는 답이 돌아왔다. 신속히 문제를 해결하려 했지만, 문제를 해결하지 못했다. 문제 정의의 실패요, 의사소통의 실패요, 창의의 실패다.

이번에는 "물을 좀 갖다 줘"라는 말을 듣고 그 말 이외에 다른 요소인 행동을 살폈다. 물을 달라는 소리 외에 화분을 살피고 있었고 물 조리개를 흔들고 있었다. 이런 다양한 요소들이 모두 연동된 정보의 착상이 이루어진다. 이 순간, 화분에 줄 물을 갖고 오라는 의미를 포착할 수 있다. 그럼 상황 전체를 이해해 주전자에 물을 가득 담아 갖다 주면 된다.

우리는 무대 전체를 읽고 더 많은 데이터를 투입하는 방법으로 더 정확한 의사결정을 내릴 수 있다.

- 목표 : 물을 갖다 줘!
- 그 외 요소 : 물은 사람이 마실 물도 있고 꽃에 줄 물도 있지! 그렇다면 어떤 상황에서 어떤 용도로 물이 필요한 거지?
- 무대 : 집주인이 아끼는 화분이 있고, 집주인이 일주일간 출장으로 집을 비워야 할 상황에서 화분에 물을 듬뿍 주고 싶어 한다.
- 솔루션 : 일주일간 화분에 물을 줄 방법은 없을까?
- 목표 : 일주일간 화분의 물 관리 문제
- 그 외 요소 : 화분용 물, 물 조리개, 영양제가 섞인 물 + 날씨 예

보(내일부터 장마가 시작된다는 일기예보)

- 무대 : 베란다에 화분을 내놓는 방법
- 실행 : 내일부터 장마가 시작되니 베란다에 내놓으면 물 걱정은 안 해도 된다고 말해줌.
- 창조 : 그러면 화분 걱정은 안 해도 되겠군.

창조적 소통은 프로세스에서 이루어진다. 완전한 소통은 자신의 관점과 나의 입장을 버리는 것에서 출발한다. 보이는 현상에 집착하여 목표를 함부로 설정하지 않는 것이다.

내가 아닌 상대, 이것이 아닌 다른 다양한 요소들을 무대 위에서 찾아 연결할 때 창조적인 소통이 이루어진다.

기억하세요! 창조적인 소통이란?

　* 눈에 보이는 정보를 교환한다. (X)

　* 일이 창조되는 과정 자체의 메커니즘을 공유한다. (O)

설득 잘하는 법

주변엔 남을 잘 설득하는 사람들이 있다. 그런 사람들은 특별한 설득의 기술이 있는 것처럼 보인다. '설득 당하지 말아야지' 하면서도 자신도 모르게 그의 말에 하나씩 수긍하다 보면 끝내 설득되고 마는 식이다.

설득을 잘하는 사람들의 첫 번째 특징은, 머릿속에 프로세스를 가지고 있다. 인간은 절대 낱개의 정보로 설득되지 않는다. 서로 연결되고 퍼즐이 맞춰질 때 설득이 되는 것이다.

설득을 잘하는 사람들의 두 번째 특징은, 상대방의 속마음을 미리 읽는다. '의심이 들 만한 요소'나 '궁금해할 수 있는 모든 요소'를 사전에 충분히 검토하여 차례로 하나씩 해결해 나가는 전략을 쓴다.

예를 들어 직무에 필요한 교육 강좌에 함께 가자고 동료를 설득할 때 다음과 같은 로드맵을 즉각 만들어 낼 수 있다.

• 무대 : 요즘 엑셀 작업이 많아 힘들지 않니?
• 두근 + 두근 연결 : 좋은 멘토에게 엑셀 작업의 다양한 스킬과 활용법을 배우면 얼마나 좋을까 생각해 본 적 있잖아.
• 착상 : 이번 주 금요일 저녁 엑셀전문가 과정 특강이 열리는데

장소가 우리 회사 근처야!

• 쑥쑥 : 회사 끝나고 특강을 함께 들으러 가면 좋겠어. 끝나면 내가 저녁과 술은 쏠게!

• 결과 : 엑셀 스킬을 배워두면 작업이 훨씬 쉬워지고 앞으로 맡게 될 업무에도 큰 도움이 될 거야.

설득을 잘하는 사람은 이런 설득 창조프로세스를 통해 상대방이 교육 강좌에 왜 관심을 가져야 하는지, 현재 어떤 문제가 있고 그 문제를 어떻게 극복할 수 있는지, 구체적으로 무엇을 하면 되는지, 그것을 했을 때 무엇이 좋은지를 순서대로 명쾌하게 이해시킨다.

최고의 설득 로드맵은 정확하게 창조프로세스를 따른다.

• 무대 : 왜 하지? ⇒ 하긴 해야 하는군.

• 두근 + 두근 연결 : 나의 무엇이 문제라는 거지? ⇒ 정말 문제가 있군.

• 착상 : 그런데 뭘 하자는 거지? ⇒ 그러면 되겠군.

• 쑥쑥 : 그럼, 구체적으로 어떻게 하면 되는 거지? ⇒ 이렇게 하면 되겠군.

• 결과 : 근데 그걸 하고 나면 뭐가 좋아지지? ⇒ 그걸 하면 이러이러한 게 좋아지겠군.

설득 프로세스는 의외로 간단하다. 자신과 설득할 상대가 함께 공유할 수 있는 고민의 무대를 발견하여 세팅한 후, 그 무대 위에 '각각 요소들의 두근두근 조합'이 있고, 거기에서 함께 할 수 있는 해결책이 튀어나오고, 이를 구체적인 실행전략으로 세팅하여 함께 멋진 결과를 창조할 수 있다는 것을 드러내면 된다.

창조프로세스 안에는 이미 상대방이 궁금해하거나 의심이 들 만한 생각들의 대안이 모두 들어 있다. 그러니 상대는 궁금해하는 것을 해결해주고 의심이 들 만한 것을 사전에 풀어주니 설득 당할 확률이 높아지는 것이다.

반면, 설득에 실패하는 이유 또한 명확하다. 창조프로세스를 따르지 않고 각 요소를 모두 해결해주지 않기 때문이다. 함께 할 수 있는 생각이나 고민의 무대가 아닌 자신만의 기준으로 설득하면 무조건 실패이다. 다시 말해 무대가 제시하는 길이 아니라 자신의 목적이 제시하는 길을 선택할 때 실패의 확률은 높아진다.

나의 장점, 나의 노하우, 나의 비법, 나의 매력, 나의 무기가 상대에게 필요한 답이라고 할 수 없다. 그러나 대부분은 나의 그것들을 멋지게 잘 포장하여 전달하면 될 것이라고 착각한다. 상대는 바보가 아니다.

내 중심의 목표 수립 전략
: 이번 주 엑셀특강이 있는데 같이 가 줄 수 있어? → 좋은 기회군. 하지만 좀 바쁜 일이 있어서 난 가지 않을래.

5장 조직통찰

이것이 설득 실패의 전형적인 패턴이다. 무대를 함께 공유하지 못하면 어떤 두근두근도 이루어지지 않고 어떤 공감도 불러일으키지 못하며 그러므로 창조되지 않는다. 일단 같은 무대 위에 함께 서야 한다. 이미 같은 무대, 한 편이 된 상대방은 이미 설득당할 준비가 돼 있는 셈이다. 이미 설득시켜 놓고 설득하기 시작하는 것이다.

물론 상대가 같은 무대 위에 결단코 서 있기를 거부한다면 하루빨리 다른 설득 대상자를 찾아 나서는 것도 '일 통찰'이다.

> **기억하세요! 설득 프로세스**
> * 여기 정말 좋은 데 같이 가자. (X)
> * 너 요즘 이것에 대해 고민이 많지? (O)

개인보다 팀이 윗길!

삼국지는 '도원결의桃園結義'에서 이야기가 시작된다. 유비, 관우, 장비의 멋진 팀 조합을 말하지 않고 어찌 삼국지를 설명할 수 있을까? 중국과 역사의 무대를 상징하는 도원 무대(비전)에서 유비, 관우, 장비가 두근두근 조합하여 한 팀이 되는 순간 삼국지가 창조되었다.

'삼불여三不如론'도 유명하다. 나이 48세에 봉기하여 7년 만에 황제가 된 유방은, 자신보다 뛰어난 천하무적 맞수 항우를 이길 수 있었던 이유로 장량, 소하, 한신이 있었기 때문이며 그들의 특별한 재능에 자신은 미치지 못한다고 말했다.

패턴은 반복된다. 거대한 역사의 창조현장에는 반드시 각기 개성이 다른 사람들의 조합과 팀이 있었다. 스티브 잡스와 워니악스가 그런 조합이고 빌 게이츠와 스티브 발머, 구글의 비노드 코슬라와 래리 페이지 구글 CEO, 세르게이 브린이 그런 팀이다. 로마가 낳은 창조적 천재 율리우스 카이사르는 폼페이우스와 크라수스를 한 팀으로 엮은 삼두정치로 로마의 새로운 역사를 창조했다.

하나의 무대 안에 두 개 이상의 서로 다른 모순, 대립하는 음과 양을 집어넣어 두근두근 조합시키는 능력이 창의성이다. 팀 창조의 프로세스 역시 마찬가지다. 모순과 음양이 조화될 수 있게 만드는 비법은 그것을 모두 포함할 무대를 공유하는 것뿐이다.

그렇다면 팀 창조는 먼저 하나의 비전과 근원적인 가치가 자리잡은 무대 위에 서로 다른 재능을 가진 팀원들을 하나로 두근두근 세팅하는 일이다. 그 공유된 하나의 무대는 수많은 사람을 긴밀하게 연동시킨다. 이 연결을 통해 분명한 '왜?'를 공유한 이들은 어떤 명령이나 의무감 때문이 아니라 스스로 자신이 원하고 바라기 때문에 창조의 결말을 향해 움직인다.

배를 만들고 싶다면 사람들을 불러 모아 목재를 가져오게 하고 일을 지시하고 일감을 나눠 주는 등의 일을 하지 말고, 대신 그들에게 저 넓고 끝없는 바다에 대한 동경심을 키워주라는 말이 있다.

여기서 '사람들을 불러 모아 목재를 가져오게 하고 일을 지시하고 일감을 나눠 주는 등의 일'은 각기 재능과 개성이고, '저 넓고 끝없는 바다에 대한 동경심'이 그 재능과 개성을 묶어주는 무대이다. 무대, 즉 비전이 개개인의 목표들을 우선한다.

진정한 리더는 먼저 비전이라는 무대를 보여줌으로써 많은 사람에게 영감을 준다. 무대가 세팅되었다면 10만 명, 100만 명, 1000만 명이라도 동시에 연결시킬 수 있다.

개인과 개인의 팀워크는 저절로 이루어진다. 이렇게 무대에 연동된 이들은 능동적으로 동기부여된 강한 개인이다. 이들에게 자기 역할을 주어 창조로 가는 임무를 분담시키고 전체 프로세스를 완성해 창조로 나아간다. 이것이 리더십의 핵심이다.

창의성은 무대 위에 팀을 조합시키는 것이다. 개인보다 팀이 더 창의성에 부합하는 이유이다. 그러니 단기적으로 개인이 팀을 이길 수 있을지 몰라도 끝내 창조프로세스를 따르는 팀이 개인을 이긴다. 언제든지 개인보다 팀이 창의적일 확률이 높기 때문이다.

뭔가 일이 잘 안 되거나, 일이 자꾸 꼬이거나 실패를 거듭한다면, 개인을 벗어나 팀의 길을 모색하는 것이 맞다. 유비는 제갈량을 얻기 위해 '삼고초려三顧草廬'했다. 함께 하는 것만으로, 타인과 만나 새롭게 조합하는 것만으로 창조의 확률을 높일 수 있다.

스티브 잡스는 이 점을 분명히 알고 있었다. 그는 실제로 최고를 창조하기 위해 최고의 팀을 조합해야 한다는 사실을 어린 시절 깨달았다고 말한 적이 있다. 스티브 잡스는 '팀'에 대한 자기 생각을 한 방송 인터뷰에서 다음과 같이 소개했다.

"제가 어린아이였을 때 이웃집 할아버지가 있었어요. 그분이 제게 잔디 깎기 아르바이트를 주셨는지 그랬을 거예요. 어느 날 그분이 제게 보여줄 게 있으니 우리 차고에 와 보라 하시고는 먼지 덮인 낡은 돌 텀블러를 꺼냈어요. 모터와 커피 캔이 작은 밴드로 연결된 구조였어요. 그리고는 밖으로 나가자고 해서 나갔더니 돌멩이를 줍자는 겁니다. 평범한 울퉁불퉁한 돌멩이였어요. 그렇게 주운 돌멩이들을 깡통 안에다 넣었어요. 약간의 액체와 돌가루와 함께 말이죠. 그런 다음 뚜껑을 닫고 모터를 켜시더니 저보고 다음날 다시 오라고 하셨습니다. 깡통 안의 돌이 구르며 부딪치는 소리가 나고 있었죠. 다음날 그분께 돌아가 같이 뚜껑을 열어 보니 안에는 놀라울 정도로 아름답고 매끄럽게 다듬어진 돌들이 들어 있었어요. 똑같이 평범한 돌멩이들이 그 안에 들어가 이렇게 서로 부딪치면서 약간의 마찰 그리고 약간의 소음을 일으키는 과정을 통해 그렇게 아름답고 매끄러운 돌들로 변할 수 있었던 거죠. 저는 늘 머릿속에 이 경험을 비유로 삼았어요. 자신들이 열정을 가지고 열심히 하는 팀들에 말이에요. 그 팀. 즉 엄청나게 뛰어난 인재들로 이루어진 그룹의 구성원들이 서로 부딪히고 논쟁을 벌이고 가끔 싸우기도 하고 시끌벅적하게 같이 일하는 과정에서 서로를 다듬고 아이디어도 다듬지요. 그렇게 정말 아름다운 돌들을 만드는 겁니다. 그래서 설명하기 쉽진 않지만 확실한 건 한 사람에 의해 나오는 결과물이 아니라는 겁니다. 사람들이 상징을 좋아해서 제가 특정한 것들의 상징이 되었지만, 매킨토시는 팀 노력의 산물입니다."

잡스의 이야기처럼 위대한 창조를 이뤄낸 것은 겉으로는 주로 개인이 드러나지만, 진실 깊숙이에는 반드시 드러나지 않는 팀이 있다.

왜 팀이 놀라운 힘을 발휘하는지 잡스도 설명하기 쉽지 않다고 했지만, 창조프로세스로 보면 분명하게 그 이유를 알 수 있다. 개인은 홀로 떨어진 낱개다.

그러나 무대 위에 서로 다른 개인들이 모여 두근두근 하나로 착상되는 것은 연결된 팀이다. 언제라도 낱개보다 팀이 윗길이다.

기억하세요! 팀워크의 원리

* 혼자서 빨리한다. (X)
* 여럿이 함께 느리지만 창조적으로 해낸다. (O)

사다리형 인간, 동아줄형 인간, 몰입형 인간

일을 잘하려면 사람을 이해해야 한다. 인간의 재능과 기질은 저마다 다르다. 다르면 갈등이 생긴다. 그러나 다른 재능과 기질을 연결하고 조합할 수 있다면? 그건 창조적이다. 흩어지면 갈등이 생기는데 하나로 모이면 창조가 일어난다.

창조프로세스는 늘 역설적이다. 난 오랜 세월 심리학을 독학하고 수많은 책을 읽으며 어떤 일에 성취한 사람들을 체계적으로 분석해 보았다. 그랬더니 크게 세 가지 유형으로 나타났다. 나는 이 세 성공자 유형을 '트리플 위너(Triple Winner)'라고 이름을 붙이고 각 특징을 다음과 같이 분류했다.

"똑 부러지게 일 잘하는 김 대리는 논리적인 사다리형 인간이군."

"추진력 있는 독불장군이지만 안 될 것 같은 것도 손만 대면 대박으로 만드는 운이 무진장 좋은 부장님은 동아줄형 인간이야."

"대표님은 완벽주의자인 몰입형 타입이네."

엄밀히 말하자면 모든 인간은 생존과 성공을 위해 자기 안에 세 가지 사고 메커니즘을 유전자에 새기고 있다. 평범한 사람들은 자신의 이런 사고를 인식하지 못한 채 본능과 주로 발현되는 기질대로 살아간다. 그저 본능에, 매너리즘에, 편한 것에, 현재 안락함 등에 자신을 내버려 두면서 말이다.

그러던 어느 날 그중 하나의 사고 타입이 강력하게 발현되기 시작한다. 그 사고가 우리의 생각과 삶을 지배하기 시작한다. 이 순간, 목표설정과 실행력이 급격히 높아지고 성공도 하게 된다. 꿈을 성취하고 조직의 핵심이 되는 리더 그룹은 대개 이런 사고 메커니즘 중 하나를 적극적으로 활용하기 시작하면서 급격하게 성취한 것이다.

사다리형 인간은 분명한 목표설정과 논리적인 계획을 세워 자신에게 목표달성의 동기를 부여한다. 동아줄형 인간은 가슴 떨리는 강력한 이상향을 상상하면서 추진력과 리더십을 얻도록 자신에게 에너지를 준다.

그리고 몰입형 인간은 자기 일에 집중하고 즐기고 그것에 완전히 미치는 방법으로 자신 내면에 가득 채워져 있는 예술적 열정을 이끈다.

그들 각자의 사고 메커니즘은 자기방식에 맞게 끊임없이 자신에게 동기를 부여함으로써 실천하는 삶을 살고 자신들의 꿈을 성취한다.

<트리플 위너들의 생각모형>

인간 유형	포지션	생각 타입	기질	동기 부여
사 다 리 형 인 간	상위 20%	목표, 상황분석, 계획, 전략, 로드맵, 시스템, 자기계발학습, 논리, 분석적, 냉철, 합리성, 민주적 합의, 소통(각자 생각이 다르고, 관점이 다르고, 지향점이 다르다는 전제하에 공존을 추구하는 것), 조직화 및 그룹핑화, 심플, 인재(전문가, 경력) 중심, 사무적인 관계	객관적, 긍정적+부정적, 성실한, 책임감 있는	철저한 현실과 주어진 여건을 분석하여 체계적이고 합리적인 계획을 세워 하나씩 실천하는 사고로 실행력을 높임
동 아 줄 형 인 간	상위 5%	상상력, 이상향, VD(vivid dream), 비전 공유, 이심전심, 신념, 믿음, 종교적, 긍정적, 낙관주의, 강력한 추진력, 지배, 결과주의, 신화창조, 끌어당김, 패밀리 관계, 정신력과 정신교육을 중요시	긍정적인, 만족하는, 사교적인, 적·아 구분이 분명하며 내 편을 중요시	멋진 상상력으로 스스로 신념을 부여함으로써 실행력을 폭발적으로 상승시킴
몰 입 형 인 간	상위 1%	창조, 몰입, 미침, 열정, 집중력, 철학적 사유, 발상의 전환, 신선, 예술, 감성, 감각, 즐김, 자존(부)심, 쾌감, 명상, 행복, 개인주의, 개인 탓	부정적(불만족스러운, 아쉬움이 많은), 디테일, 완벽주의, 비판 및 문제 포착 능력, 독단적, 변덕, 히스테리컬, 조바심(즉시 피드백), 남을 잘 믿지 못함, 보고중심 커뮤니케이션 (위에서 지시하고 아래서 피드백하는 것)	내 안에 쾌감이나 행복, 즐김 등의 중독적 요소를 통해 실행력을 극대화함

대화 방식	리더십 유형	성공자 어록	약점
당신의 생각(needs), 당신의 아이디어, 당신의 경험, 당신의 상황에 관심	거대조직 운영 및 확장 중심의 리더십, 전략가형 리더십 (계몽형)	"구체적으로 목표를 세워라, 계획적인 삶을 살아라, 현재 상황을 자세히 데이터를 분석하면 모든 정답이 나온다. 상대방(고객)의 요구에 귀기울여라. 합리적으로 사고하라. 모든 일을 전략적으로 기획하고 실행하라. 전략이 회사의 운명을 결정한다. 체계적으로 시간을 관리하라."	즉흥적인 변수나 새로운 현상에 대처하는 순간(타이밍) 대처 능력이 약할 수 있음, 차갑다는 평가를 받을 수 있음. 기존과 다른 완전히 새로운 창조적 아이디어나 영감에 약점
우리의 생각, 우리의 경험, 우리의 비전과 이상 공유가 중요	위기극복형 리더십, 강력한 리더십	"비전을 가져라. 생생하고 구체적인 꿈을 꾸어라. 미래를 그려라. 이미 됐다고 믿고 확신과 신념을 가져라, 긍정의 힘을 믿어라. 거꾸로 사고하라. 상상의 힘을 펼쳐라, 미래를 미리 가보라. 상상하면 그대로 이뤄진다. 할 수 있다고 생각하면 뭐든 될 수 있다. 우리가 같은 생각을 하면 반드시 신화는 만들어진다."	맹목적인 낙관주의, 독재적 경향, 권위적, 허세, 외부와 소통 단절, 순식간에 신뢰를 잃을 수 있음, 과도한 자기신념(정신)에 갇힐 수 있는 단점이 있음
내 생각(seeds), 나의 아이디어, 나의 경험, 나의 철학이 중심	예술 창조형 리더십, 벤처 및 소규모 조직의 리더십	"몰입하라, 뭔가에 미쳐라, 사소한 것에 목숨을 걸어라. 완벽하게 세밀하게 처리하라. 꼼꼼하게 기록하고 정리하라. 완벽주의자가 돼라. 감각과 직관을 믿어라. 완벽하게 교감하고 커뮤니케이션하라. 늘 생각하고 또 생각하라. 열정을 가져라. 완전히 푹 빠져서 일을 즐겨라, 창조적인 사람이 돼라."	일을 조직화, 그룹핑화 하는 콘셉츄얼 능력이 떨어질 수 있음, 독단적이고 주변에 스트레스를 줄 수 있어 인재를 쉽게 내보내거나 쉽게 떠나보낼 수 있음, 지속가능성의 문제, 자기통제 범위가 넘어서는 관계에 스트레스를 느끼기 때문에 조직 규모 확장 시 리더십의 한계를 보일 수 있다는 약점

<이동조 저, 믹스mix, 엘도라도>

사람은 기질부터 저마다 다르다. 인간 유전자에 깊이 새겨져 쉽게 변하지 않는 사고를 가진다. 그로 인해 일관된 행동을 하게 되는 것이다. 자신의 기질과 성격을 알되, 자기 유형에 지나치게 갇히거나 잘못된 행동을 합리화하는 도구로 사용하면 안 된다.

또한, 타인을 이해하려 노력하되 함부로 재단해선 안 된다. 우리의 목적은 각자 꼭꼭 숨겨져 있는 여러 유형의 기질과 성격을 이해하고 장점을 끌어내는 것이다. 다양한 사람들의 다양한 장점을 혼합하고 일을 성공적으로 완성해 나가는 것이다.

'일 통찰'은 관계를 아는 것이다. 사람의 기질과 타입을 이해하는 것이다. 사다리형 인간, 동아줄형 인간, 몰입형 인간의 사고 메커니즘을 종합적으로 이해하고 그것을 관계로 연결하여 창조적으로 활용할 줄 아는 사람이 바로 '트리플 위너'이다.

> **기억하세요! 트리플 위너가 되는 법**
>
> * 나와 다른 타입, 나를 힘들게 하는 사람들은 나도 미워한다. (X)
> * 사다리형, 동아줄형, 몰입형 인간의 차이점과 장점을 이해하고 통합한다. (O)

리더십이란 무엇인가?

사람들의 사고 타입은 다르다. 성격과 기질이 다르다는 건 융합하기 힘들다는 의미이고, 서로 사른 사람들이 함께 일을 한다는 건 매우 불편하다는 의미이기도 하다. 그래서 팀보다 개인이 편하고 일하기 쉽다고 여기는 사람들도 많다. 그러나 진짜 위대한 창조는 '자기방식'을 넘어서는 데서 시작된다.

'일 통찰'은 각자 가지고 있는 사고방식의 모순 관계를 배척하지 않고 차별하지 않으며 하나의 무대 위에 공존시킬 수 있을 때, 위대한 창조가 이루어질 수 있다는 걸 알고 있다.

- 무대 : 우리 발밑의 공동 비전을 통찰하고 공유하는 세팅 작업
- 두근 + 두근 연결 : 논리적인 사고가 강한 사다리형 인간 + 상상력이 뛰어난 동아줄형 인간 + 꼼꼼하게 완벽주의를 추구하는 몰입형 인간.
- 착상 : 팀워크를 발휘할 집중적인 방향 설정
- 쑥쑥 : 각자 역할분담과 계획, 세분된 임무들의 문제해결 실행
- 결과 : 위대한 역사 창조

이렇게 하나의 비전 무대를 포착하고 그 위에 서로 다른 기질의

인간형들이 한 팀으로 두근두근 조합이 이루어질 때 기존과 다른 창조프로세스가 작동한다.

자기 생각을 벗어던지는 순간 각각의 요소에 머물렀던 독선적인 개인이 창조적인 팀의 강한 개인으로 완전히 탈바꿈하게 된다.

그러니 위대한 팀을 세팅하려면 먼저 창조프로세스를 알고 있어야 한다. '나만 옳다'거나 '내 생각만 맞다'고 생각하는 사고에서 벗어나지 못하면 자신과 다른 사람과는 결코 함께할 수 없다. 더 위대한 창의를 할 수 없게 된다.

다름과 차이를 인정하지 못하면 결코 창의할 수 없다. 새로운 창조를 할 수 없다. 새로운 것을 창조할 수 없다면 이미 죽은 것이다. 남을 차별하거나 다른 사람을 따돌리는 행위가 나쁜 이유는, 단순히 그게 옳지 않아서가 아니라 나 자신을 창의적인 인간으로 살지 못하게 스스로 자신을 죽이는 자해행위이기 때문이다.

그러나 공존할 수 있는 무대를 포착하고 세팅할 수 있는 창의적인 사람이라면 이야기는 달라진다. 관심사가 다르고 능력이 다르고 음과 양, 모순과 양자택일의 사고방식을 가졌더라도 어떤 무대 위에 올라서면 그들은 위대한 한 팀으로 뭉쳐 새로운 역사를 창조할 수 있다. 보이지 않는 무대를 발견하고, 보이지 않는 비전을 명확하게 제시하고, 그 안에서 서로 다른 능력의 사람들을 두근두근 세팅해 낼 줄 아는 사람이 창조적인 리더다.

어린 시절 친구들과 놀던 땅따먹기 놀이를 한 번 생각해 보자. '땅따먹기'를 잘하기 위해서는 가장 먼저 평평한 땅이 설정되어야

<땅 따먹기 놀이>

감독관점으로 무대 통찰, 다른 타입들을 초연결

한다. 리더는 바로 서로 다른 능력과 개성의 사람들과 커뮤니케이션하기에 앞서 평평한 땅을 발견할 줄 아는 사람이어야 한다.

비전이라는 무대를 공유하면 서로 다른 그들이라도 한 팀이 될 수 있다. 몰입형 인간은 완벽주의자답게 자신의 영토관리에 몰입하여 꼼꼼하게 관리한다. 상상력을 가진 인간은 때로는 허황되지만 무한한 상상력으로 불가능한 지점까지 무작정 뻗어 나간다.

논리추구형 인간은 기어이 자신의 본토와 이상적인 영토지점을 현실적인 다리로 연결해 내고야 만다. 그렇게 각자에게는 전혀 불가능했던 위대한 영토의 창조가 두근두근 조합을 통해서라면 가능해진다. 그들의 관심사와 능력과 생각의 메커니즘은 각기 다른 모순 관계이지만 땅따먹기의 비전 무대 안에서 완벽한 한 팀이 되어 새로운 역사를 창조해 낸 것이다.

- 끈끈이 무대 : 가장 먼저 시대의 흐름에 주목하여 새로운 영토 (땅따먹기의 무대)를 발견하고 그곳으로 가는 비전을 품을 수 있는 영감을 제시한다.
- 두근 + 두근 연결 : 서로 다른 개성과 능력을 가진 인간들이 한 팀을 이룬다. (근거지를 확고하게 지키는 몰입형 인간 + 이상과 큰 그림 때문에 보이지 않던 부분을 통찰하는 상상력의 인간 + 그 둘의 사이를 합리적인 다리로 연결하는 논리형 인간)
- 착상 : 장단점을 고려한 최적의 역할 분담
- 쑥쑥 : 각자의 역할 실행
- 결과 : 창조

창의적인 리더십은 서로 다른 사람들의 공통무대를 발견해 내는 것에서 만들어진다. 다양한 사람의 관점에서 서로 다른 것을 하나로 수렴하고 통합하는 프로세스를 이해하는 능력이 바로 리더십의 본질이다.

진정한 리더는 가장 먼저 비전이라는 새로운 무대를 발견한다. 그 무대 위에 다른 인간형들을 긴밀하게 두근두근 하나로 세팅시킨다. 그리고 하나가 된 팀이 각자 최고의 능력을 발휘할 수 있도록 역할을 나누어 준다. 이 전체 그림을 그리고 프로세스를 세팅할 줄 아는 창의 디자이너가 바로 창조적 리더이자 '일 통찰'자이다.

기억하세요! 리더십이란?

* 리더십은 카리스마, 추진력, 책임감, 권위… (X)

* 리더십은 서로 다른 사람들의 공통점과 공통무대를 발견하고 프로세스를 세팅하는 것 (O)

6장 자기성장통찰

개인과 조직이 함께 성장하는 길

기업의 존재 이유는 무엇인가?

미국 편의점 아르바이트 점원에서 국내기업 CEO가 된 정진구 씨는 20대 말, 단돈 200달러를 들고 무작정 미국으로 건너간 가난한 유학생이었다. 낯선 땅에 도착한 그는 우선 먹고살아야 했기 때문에 편의점 '세븐일레븐'에서 아르바이트를 시작했다. 이곳에서 일하면서 그는 보통 아르바이트생들과는 다르게 일했다. 일하면서 편의점 운영상의 문제를 꼼꼼히 기록했으며, 거기에 좋은 대안을 덧붙여 본사에 제안서를 자주 보냈다. 때때로 점주나 고객 입장에서 볼 때 개선하면 좋을 시스템의 문제나 유통개선 아이디어를 정리하여 제안하기도 했다.

물론 직접 바로 시행할 수 있는 아이디어는 적용했다. 당연히 다양한 효과가 나타났다. 그는 비록 아르바이트생이었지만, 주어진 배역만 맡은 배우관점을 버리고 편의점과 유통업이란 무대에 올라 그 일 전체를 장악하고 통제하고 변주해 내는 감독관점을 선택했다.

감독관점을 가진 아르바이트생 덕분에 매장은 당연히 매출에도 변화가 생겼다. 매출 성장에 도움이 되는 성공사례와 새로운 아이디어 제안은 계속됐다. 이런 노력이 인정을 받아 그는 점포 부점장이 됐고, 얼마 후 다시 점장으로 고속 승진했다.

물론 그는 여기서 멈추지 않았다. 점장으로 직위가 높아졌어도 그의 무대에서 성공패턴을 계속 복제했다. 아이디어 제안은 계속됐다. 더 넓은 무대 위의 고객들을 분석하고 그들의 불만이 뭔지, 현재 안고 있는 문제들을 관찰하고 해결책을 찾아냈다. 그러자 본사에선 그를 세븐일레븐의 지역책임자로 발령을 냈다.

아르바이트로 일을 시작해 미국 세븐일레븐 지역책임자로 큰 성공을 거둔 그는, '배스킨라빈스 한국'의 CEO가 되어 금의환향했다. 그는 이후 스타벅스 코리아의 대표가 되었고, CJ그룹 식품 서비스 분야를 책임지는 총괄 대표에 이어 CJ푸드빌 대표이사를 맡았다.

돈도 없고 배경도 없고 아무것도 없었던 가난한 유학생이자 편의점 아르바이트생이던 한 청년이 만들어나간 특별한 성공신화를 소개하는 이유는, 임금이나 정해진 시간보다 더 열심히 하라거나 가게주인처럼 일하라거나 무조건 헌신하면 보상을 받는다는 메시지를 말하자는 게 아니다. 일과 세상을 보는 관점에 관해 이야기하고 싶은 것이다. 창조자가 되고 싶다면 가장 먼저 관점을 바꾸어야 하고, 그건 감독관점이어야 한다는 의미다.

직장인들은 일하러 회사에 간다. 사장님들은 사업하러 간다. 일하러 가는 마음과 사업을 하러 가는 마음은 관점부터가 다르다.

"나는 아르바이트를 하고 있는가? 사업을 하고 있는가?"

정진구 씨는 날마다 아르바이트하러 간 것이 아니라 사업을 하러 간 것이다. 일하러 가는 사람은 '월급'을 생각하고, 사업을 하러 가는 사람은 '경영전략'을 생각한다. 당연히 사업을 하러 가는 사람의 눈에만, 보이지 않는 프로세스인 '기업의 본질'이 보인다.

모든 직장인이 '열심히 일하겠다'라는 각오를 다진다. 그러다 보니 정작 기업이라는 본질을 잊어버리는 경우가 많다. 기업이란 자본과 인력 등 가용한 자원을 가지고 제품과 서비스 등 가치를 창조하여 필요한 사람에게 판매하고 이윤을 극대화하기 위해 탄생한 조직이다.

우리가 잘 아는 기업의 3대 역할을 다시 생각해 보자.

첫째, 고객과 소비자의 필요와 욕구를 파악하여 이들에게 필요한 상품과 서비스 등 가치를 창조한다.

둘째, 일자리를 만들어 고용 창출 기회가 늘어난다. 고용과 함께 생산, 유통, 판매, 시장개척, 금융 등의 활동을 통해 국가 경제에 중요한 임무를 수행한다.

셋째, 기업은 효율적인 비즈니스 운영 전략을 실행하여 더 높은 가치를 창조하고 다양한 경제활동을 통해 이윤 극대화를 목표로 둔다. 최근에는 기업의 최종 목적이 이윤 추구에 있다는 점에 반하여 사회적 기여에 중점을 둔 사회적 기업과 같은 새로운 형태의 기업도 출현하고 있지만, 기업의 존재 이유는 일반 기업과 다를 수 없다.

기업이라는 조직을 관통하는 핵심 키워드 딱 하나를 꼽으라면 당연히 '이윤'이다. 이윤 극대화의 방법은 여러 가지가 있다. 자원을 늘리거나 줄일 수 있다. 일의 강도나 시간을 조정하는 방법도 있고, 새로운 아이디어나 시스템의 혁신을 적용할 수도 있다.

이윤을 극대화하는 기본 전략을 '경제원칙'이라고 부른다. 3대 경제원칙으로, 일정한 비용으로 최대의 효과를 얻는다는 '최대효과 원칙', 같은 효과를 기대할 때 비용을 최소로 하는 '최소비용의 원칙', 비용과 효과의 차이를 가능한 한 크게 만드는 '최대 잉여의 원칙'이 있다.

직장에서 일한다는 것은, 기업을 이해하고 기업을 작동시키는 기본 전략은 '경제원칙'임을 확인하는 일이 출발점이다. 이윤을 만들어 내는 과정과 경제원칙을 이해하는 것이 '사업의 관점'이라면, 주어진 임무를 수행하는 것이 '일의 관점'이다. 사전적 정의는 다를 수 있지만 통찰적인 관점으로 보면 사업 안에 일이 포함돼 있다.

사업은 눈에 보이지 않는 기업의 존재 가치를 규명하지만, 일은 내 눈앞의 업무를 처리하는 것이다. 직장인은 눈에 보이지 않는 기업의 존재 가치와 경제원칙보다는 내 눈앞에 던져진 업무에 익숙하다. 어쩌면 지극히 당연한 일이다.

그러나 그것이 바로 일에 대한 관점을 바꿀 기회를 놓치는 문제이기도 하다. 많은 사람이 '성공신화를 이룬 정진구 씨'가 될 수 없는 이유다. 일을 잘한다는 건 주어진 업무를 잘하는 것과 다르다. 그 차이가 바로 일에 대한 관점 차이다. 다시 말해 일을 어떤 측면으로 바라보느냐가 일을 잘하느냐 못하느냐를 결정하는 첫 번째 기준이 되는 것이다.

"나는 일하러 가는 걸까? 사업하러 가는 걸까?"

오늘 한 번 이렇게 자신에게 질문을 던져 보자.

> **기억하세요! 일에 대한 관점에 대한 통찰**
>
> * 나는 일하러 간다. (X)
>
> * 나는 사업을 하러 간다. (O)

일을 대하는 태도

당신은 어려운 관문을 뚫고 입사에 성공했다. 환호성을 지르고 이 회사에 뼈를 묻으리라 다짐했을 것이다. 하지만 기쁨과 각오가 깨지는 건 순식간이다. 우리에게 '일'도 '조직'도 예상한 것과 다르다.

한국고용정보원이 대졸 취업자 1만8천여 명을 대상으로 설문 조사한 결과, 일자리 적응에 어려운 점으로 '업무 내용 습득'(43.2%)

을 가장 많이 꼽았다. 이어 '상사-동료와의 관계'가 23.3%, '기대 수준과의 격차'가 15.2%로 뒤를 이었다. 특히 직장인들을 힘들게 하는 건 '소통'으로 조사되기도 했다. 일자리에서 업무 수행에 도움이 되기 위해 필수적으로 습득해야 할 능력으로 '의사소통 능력'(19.1%)을 가장 많이 선택했다.

직장생활을 하다 보면 학창시절 치열하게 고민했던 '공부 머리'나 '친구 관계'로는 풀 수 없는 복잡한 문제가 밀려온다. 시간이 조금 흐르면 합격의 기쁨과 잘해야겠다는 다짐 역시 사그라진다. 이내 남는 건 일과 조직 관계의 어려움뿐이다.

이때 우리는 '일'을 피상적으로 또는 환상적으로 이해하면 곤란하다. 냉정하게 객관적으로 일을 마주 보고 바라볼 수 있어야 한다.

일을 대하는 태도에 대한 몇 가지 이야기가 있다. 첫 번째 이야기는 벽돌공의 관점에 대한 것이다. 벽돌 쌓는 세 명의 남자들에게 "당신은 무엇을 하고 있습니까?"라고 질문했다. 먼저 첫 번째 사람은 이렇게 답했다.

"벽돌을 쌓고 있습니다."

두 번째 벽돌공은 "벽돌을 쌓아 하루에 10만 원을 벌고 있습니다."라고 말했다. 그런데 세 번째 벽돌공에게 같은 질문을 하자, 대답은 다음과 같았다.

6장 자기성장통찰

"우리나라를 대표할 커다란 성당을 짓는 일을 하고 있습니다."

관점과 태도는 일에 대한 정의를 다르게 내리는 것이다. 일을 다르게 정의하면 다르게 일한다는 의미다.

두 번째 소개할 사람은 『이반 데니소비치, 수용소의 하루』 소설 책 속 주인공이다. 이 소설의 작가인 알렉산드르 솔제니친(Aleksandr Isayevich Solzhenitsyn)은 1918년에 러시아 남부 캅카스의 키슬로봇스크 시에서 태어났다.

반정부 활동을 했다는 이유로 체포되어 1945년부터 8년간 강제 노동수용소 생활을 했다. 1962년에 바로 이 첫 소설 『이반 데니소비치, 수용소의 하루』를 발표하여 소련 문단의 대작가로 부상했다.

여기에 등장하는 주인공 이반 데니소비치 슈호프(일명 '췌-854')는 9호 104반의 죄수이다. 소설 내용의 전부이기도 한 그의 하루 일상을 요약하면 이렇다.

"슈호프는 아주 흡족한 마음으로 잠이 든다. 오늘 하루는 그에게 아주 운이 좋은 날이었다. 영창에 들어가지도 않았고, '사회주의 생활단지'로 작업을 나가지도 않았으며, 점심때는 죽 한 그릇을 속여 더 먹었다. 그리고 반장이 작업량 조정을 잘해서 오후에는 즐거운 마음으로 벽돌쌓기도 했다. 줄칼 조각도 검사에 걸리지 않고 무사히 가지고 들어왔다. 저녁에는 제 자리 대신 순번

을 맡아 주고 많은 벌이를 했으며, 잎담배도 사지 않았는가. 그
리고 찌뿌드드하던 몸도 이젠 씻은 듯이 다 나았다. 눈앞이 캄캄
한 그런 날이 아니었고, 거의 행복하다고 할 수 있는 그런 날이
었다."

주인공 슈호프는 용감하고 정직한 러시아 병사였다. 독일군 포
로로 잡혔다가 탈출했지만, 또 독일군 포로였던 적이 있었기 때문
에 첩자일 수도 있다는 혐의를 받아 수용소에 갇힌 것이다. 억울하
기 짝이 없는 신세였다. 그러나 일에 대한 그의 철학은 정말로 독
특하다.

"작업할 때는 성의 있게 즐거운 마음으로 한다."

그는 아무리 혹독한 상황이라 할지라도 일을 자신의 존엄을 증
명하는 작업이라고 여겼다. 남의 지시나 감시 때문에 일하는 게 아
니라 내가 이 일만큼은 감독관점으로 장악하여 최선을 다해 작업
하고 모든 정성을 쏟겠다는 것이다.

보통 수용자들에게는 벽돌을 쌓았다가 무너뜨리고 다시 쌓고 무
너뜨리는 의미 없는 일일지라도, 어떤 보상도 없는 노동일지라도
전심전력을 다해 벽돌을 쌓는다.

"슈호프는 흙손으로 김이 모락모락 나는 모르타르를 퍼서, 밑줄

에 있는 벽돌의 접합점이 어디인지 잘 기억해두었다가, 그곳에 쏟아놓은 벽돌 중에서 알맞은 놈을 하나 골라잡는다. 그런 다음에는 흙손으로 모르타르를 고루 펴 바르고, 그 위에 벽돌을 빨리 올려놓는다. 방향이 잘못되었으면, 재빨리 흙손 자루로 두드려서 바로 잡아야 한다. 바깥쪽 벽이 수직선에 맞게 오고, 옆으로나 수직으로나 기울어진 데가 없도록 해야 하기 때문이다."

작업종료 신호가 울리고 만약 집합에 늦으면 불이익을 당할 수도 있지만, 그는 마지막까지 쌓던 벽돌을 정성을 다해 마무리까지 하고 나서야 일을 끝낸다.

세 번째는 그리스 신화에 나오는 '시지프스(Sisyphus)'에 대한 이야기다. 우리가 잘 아는 시지프스는 바람의 신인 아이올로스와 그리스인의 시조인 헬렌 사이에서 태어났다. 신들은 시지프에게 끊임없이 바위를 산꼭대기까지 굴려 올리는 형벌을 내렸다. 그러나 이 바위는 산꼭대기까지 올려놔도 그 자체의 무게를 견디지 못해 아래로 굴러떨어지는 것이었다.

시지프스는 '하늘이 없는 공간, 측량할 길 없는 시간'과 싸우면서 영원히 바위를 밀어 올려야만 했다. 시지프스는 오늘날 인간이 매일 하는 바로 그 '일'을 하고 있다. 시지프스의 일은 무의미하고 헛되고 희망도 없는 일, 마치 무서운 형벌 같은 일이었다. 나는 지금 시지프스의 일처럼 내 일을 바라보고 있진 않은가?

일에는 우리나라를 대표할 커다란 성당을 짓는 가치 있는 일이 있고, 아무 의미 없는 작업에 온 정성을 다 바쳐 마치 자신과 승부를 가리듯 의식을 행하는 슈호프의 일도 있고, 형벌과 같은 시지프스의 일도 있다. 일은 그냥 일이지만 가치의 관점으로 보면 일은 생각에 따라 전혀 다른 것이다. 우리가 한 번쯤은 스스로 진지하게 물어봐야 한다.

"나에게 일이란 무엇인가?"

인간은 싫든 좋든 앞으로 30년, 더 많게는 죽을 때까지 평생 '일'과 함께 동고동락해야 한다. 대부분의 일은 힘들고 가치 없고 하기 싫고 어쩔 수 없이 해야 하는 '시지프스 형벌'과 같다.

일을 의미하는 라틴어 'labor'는 '고통이 수반되는 극도의 노력'이라는 뜻이다. 성경에서도 고된 노동은 에덴에서 추방된 아담과 하와에게 내려진 저주에서 시작됐다고 알려져 있다. 그러나 그것이 일을 규정하는 전부는 아니다.

미국 로욜라 대학의 철학 교수 알 지니는 '일 중독'에 걸린 자신을 발견하고 『일이란 무엇인가』라는 책을 썼다. 그는 일에 대해 "사람은 일함으로써 제정신으로 살 수 있게 된다"며 "일이 얼마나 힘든가가 아니라, 일이 삶에 의미를 부여할 수 있는 것인가가 문제"라고 설명한다.

우리가 하는 일 그 자체에는 에너지가 없다. 에너지는 벽돌공의 마음에 들어 있고, 슈호프의 마음에 들어 있고, 시지프스의 마음에 들어 있다. 사실은 일이 마음인 것이다. 그래서 다시 생각해야 한다. 일의 가치는 누가 정하는 것일까? 나 자신이 정해야 한다.

가치 있고 행복한 삶으로 자신을 성장시키기 위한 관계맺기가 바로 일이다. 당연히 더 가치 있는 관계맺기는 '당신의 마음'과 '일'이 연결돼 있을 때다. 그것이 알 지니 교수가 자신의 책에서 이렇게 말하는 이유가 아니겠는가.

"당신이 정말 하고 싶은 일을 하라!"

> **기억하세요! 일의 가치에 대한 통찰**
> * 일은 그냥 일이다. (X)
> * 내 생각이 일의 가치를 결정할 수 있다. (O)

욕망이 창조를 만든다

일의 출발점은 어디일까? 근원을 추적하고 추적하다 보면 인간의 욕망이 아닐까? 사람들의 마음을 알지 못하면 어떤 사업도 성공할 수 없다. 인간의 욕망을 잘 아는 것이 '일 통찰'에 도움이 된다. 사람들이 가진 욕구를 읽어내 충족시켜 주는 것이 일이기 때문이다.

그런데 사실 인간의 욕망조차도 창조프로세스를 거쳐 진화해 왔다. 매슬로우(Abraham Harold Maslow) 욕구 5단계를 머릿속에 떠올려 보자.

1단계 : 먹는 것, 입는 것, 자는 것, 성욕 등 일차적 욕구. 인간으로서의 최소한의 기본적인 욕구. 위 사항이 결핍되면 일차적 욕구를 성취하기 위하여 노력하게 된다.

2단계 : 안정의 욕구로서, 일차적 욕구를 달성하게 되면 항상 일차적 욕구를 안정적으로 갖고자 한다. 즉, 저축하게 될 것이고, 주택을 갖고자 할 것이며, 가정을 꾸리고자 할 것이다.

3단계 : 사회적인 소속의 욕구로서, 2단계를 달성한 자는 어디엔가 소속되어 구성원으로서 행동하려고 한다. 인간은 외로움을 타는 생물이고, 그러기에 소외감을 극복하고자 할 것이다. 따라서 어떤 집단에 가입하여 그 집단의 구성원과 의사소통을 하고, 우의를 과시하고, 애정을 교환하면서 자신의 처지를 일반화시키려 하며, 타인의 생각도 공유하려 한다. 이를 통하여 자기를 합리화시키며 외로움을 극복하려는 단계이다

4단계 : 존중과 명예의 욕구로서, 3단계까지 만족시키면 인간의 욕심은 무한하므로 타인으로부터 존경을 받고 싶어 하고, 인정을 받고자 하며, 감투를 쓰고 싶고, 과시도 하고 싶어 할 것이다. 육성회장을 한다든가, 재단 이사장이 될 수도 있을 것이다.

5단계 : 자아실현(self actualization)의 욕구로서, 자신이 생각하는 이상을 직접 창조하고 싶어 하는 인간 최고의 욕구 단계이다. 예를 들면 국회의원은 자기 자신이 옳다고 생각하는 바를 달성하기 위하여 법을 만들고 자신의 이상을 실현하려 한다. 모든 예술가는 창작을 통해 신의 마음을 갖고자 한다.

1단계 생존 욕구 → 2단계 안정 욕구 → 3단계 관계 욕구 → 4단계 존중 욕구 → 5단계 자아실현(창조) 욕구로 이어지는 이 과정은 고리에 고리로 연결된 프로세스다. 중요한 것은 지금 현재 인간이 달성하고자 하는 욕망은 5단계의 마지막인 '자아실현' 창조단계에 왔다는 사실이다.

실제로 요즘은 전문적으로 배우지 않은 사람들이 유튜브 채널을 개국한다. 일반인이 음반을 내고 소설가가 아니더라도 책을 출간한다. 고등학생 때부터 창업에 도전하는 시대다.

요즘 사람들은 또 자신에게 딱 맞는 1대1 맞춤 서비스를 원한다. 자신이 가진 문제를 정확히 딱 꼬집어서 해결해 줄 수 있는 서비스를 선택한다. 당연히 사람들은 내가 애써 정보를 찾지 않아도 미리 좋은 정보를 알아서 제공해 주길 바란다. 찾아가는 동사무소나 숨어있는 보험금 찾아주기 서비스가 대표적이다.

자기 생각에 대한 발언권을 강하게 만들고 싶다는 욕구, 사소한 불편함이라도 개진改進받으려는 욕구도 강해지고 있다. 다양한 국가사업 프로젝트를 진행하면서 이런 변화를 직접 느낄 때가 많다.

지원자가 적어 모집 기간을 한 주 정도 연장하겠다고 공고를 하면 불만을 제기하는 사람이 생겼다. 지금까지는 한 번도 문제를 제기한 적이 없음에도 불구하고 말이다.

하지만 이런 불만은 언제든 새로운 창조로 연결될 수 있다. 다양한 국가정책 제안에서 수많은 아이디어가 채택된 사람의 이야기를 들어보자.

"평소에 정책과 관련한 오피니언 활동을 하면서 꾸준히 생각하고 의견을 제시하고 메모를 통해 그때그때 다양한 관심 분야의 정책 이슈에 대해 정리해 두었던 것이 많은 도움이 되었다. 택시를 타면서 들었던 택시기사님의 넋두리나 술자리에서 직장동료들이 안주 삼아 나누었던 이야기들도 잘 정리하여 발전시키면 의미 있는 생활 아이디어로 정리할 수 있다."

보통사람들이 느끼는 다양한 불편과 불만을 귀담아들으면 무궁무진한 아이디어가 함께 숨어있다는 이야기다. 어떻게 하면 많은 사람의 불편과 불만을 수집할 수 있을까? 바로 질문받기다. 질문을 받는 일은 동전의 양면처럼 '곤혹스러움'이 되기도 하고 즐거움이 되기도 하지만 중요한 것은 이를 통해 나를 성장시키고 일의 통찰을 얻을 수 있다는 점이다.

내가 일을 할 때 가장 심혈을 기울여 준비하는 곳은 '질문받기 코너'이다. 어떻게 하면 내 일에 대한 '멋진 질문'을 잘 받을 수 있을까에 대해 많은 궁리를 한다. 질문 메신저를 열어두고. 사이트 질문 코너도 개설하고 블로그 코너에도 언제든 1:1 상담 카테고리를 만들었다.

가끔 "좋은 질문은 좋은 지식이 됩니다. 이 분야에 대해 알고 싶거나 궁금한 질문이 있으면 해 주세요! 좋은 질문을 주신 분들에게는 멋진 선물을 드립니다."라며 이벤트를 열기도 한다.

나의 '질문 사랑'은 각종 강연장에서도 이어진다. 청중들로부터의 직접 질문받기에 심혈을 기울인다. 질문받기가 그리 쉬운 일은 아니다. 이 때문에 나는 치밀한 작전을 펼치기도 한다.

"오늘 제가 여러분들에게 드릴 선물을 가지고 왔습니다. 이거 돈으로 살 수 없는 좋은 건데요. 누구에게 주느냐? 가장 처음 좋은 질문을 해 주신 분에게 드릴 겁니다."

물론 질문받는 게 쉽지 않다. 처음 손을 들고 질문을 하기란 대단한 용기가 필요하다는 것을 잘 알기 때문이다. 그러나 첫 번째는 바로 두 번째, 세 번째로 이어지는 봇물작용을 일으킨다. 나는 때론 이런 방법도 즐겨 사용한다. 강연을 시작하며 미리 질문을 메모하도록 요청하는 것이다.

"여러분, 오늘 이 자리에 힘들게 왔잖아요. 이것만은 꼭 알고 싶다고 생각하는 것 한 가지씩 있을 텐데요. 지금 메모지 한 장 떼어다가 뭐가 알고 싶은지 한 번 적어보세요. 그 다음 강연을 통해 그 궁금증이 다 풀렸는지 살펴보고, 제가 그에 관해 이야기하지 않았을 경우 가차 없이 질문해 주세요. 나갈 때 메모지 남겨주시면 제가 일일이 답변을 적어 이메일로 보내드릴 게요."

그러면 많은 사람이 예측불허의 기발하고 재미있는 질문들을 쏟아낸다. 이렇게 나는 다양한 방법을 통해 얻은 질문들에 그 이상의 가치를 부여하고 있다. 질문을 꼼꼼히 메모하면서 분석을 한다.

질문을 받아 종류별로 나누어 분류해 보면 가장 손쉽고 정확하게 사람들의 '생각 트렌드'를 읽을 수 있다.

• 질문 데이터 축적 → 카테고리 분류(MECE 분류) → 지식정보 체계화 →
  메시지, 의미, 철학 연결 → 새로운 통찰이나 솔루션 제시 및 적용

수백 가지의 질문들을 분류하고 겹치는 부분을 정리하고 하나씩 질문에 답변하다 보면 나는 이 분야의 완벽한 '전문가'로 성장한다. 나는 '다양한 질문받기'를 통해 독자의 관심사를 포착하고, 질문의 답을 구하는 과정에서 비어 있는 부분의 전문지식을 보완하며, 질문 속에서 새로운 참신한 아이디어를 찾아내 다시 정보를 정리하고 지식으로 체계화시켜 세상에 필요한 가치 있는 콘텐츠로 만들어낸다.

"이제야 내가 이 분야의 전문가가 될 수 있겠구나." 수많은 질문에 답하는 데 막힘이 없어지는 순간, 나는 이 분야의 전문가가 돼 있는 것이다.

비즈니스 현장에서 질문받기는 엄청나게 쓸모 있다. 다음카페 '꽃과 사랑 애국플라워'의 애국플라워 님의 「성공 이야기」 칼럼을 읽어 보자.

"세일즈맨은 스스로 알아서 고객에게 낱낱이 정보를 알려 주려고 기를 쓰지 않아야 한다. 대신에 적절한 질문을 가능한 한 많이 확보해 놓아야 한다. 그것도 긍정적인 대답을 얻을 수 있는 질문들로 가득 채울 수 있어야 한다. 부정적인 답을 들었을 때는 곧바로 위기가 찾아왔다는 생각을 갖고 긍정적인 분위기로 반전시킬 수 있는 질문으로 돌아서야 한다.

거기서 나아가 고객으로부터 지속적으로 질문을 유도해내는 방법을 유효한 수단으로 삼아야 한다. 고객의 질문은 그야말로 의심의 해소 역할을 톡톡히 하게 되므로 관계를 바짝 다가서게 할 수 있는 절호의 기회가 아닐 수 없다.

따라서 세일즈맨의 입장에서는 적절한 질문 끝에 고객의 질문을 되돌려 받는 노력을 꾸준히 해야 할 필요가 있다. 그렇게 되면 세일즈맨은 고객의 질문을 통해 얘기를 들어주면서도 자신의 얘기를 제대로 할 수가 있다.

세일즈맨은 질문을 통해 고객의 요구 사항을 알아낸다기보다는 고객의 질문을 유도하는 데 목적을 두어야 한다. 다시 말해서 질문을 얻어내기 위한 질문을 해야 하는 것이다."

일 현장에서 쉽게 질문을 얻는 노하우 3가지 방법을 소개한다.

첫째, 질문받기 이벤트를 열어라. 좋은 질문을 한 이들에게 선물을 주며 참여를 유도한다. 둘째, 질문받기 코너를 온라인에 개설한다. 홈페이지가 없다면 카페나 블로그를 개설해 활용할 수 있고 이메일을 이용할 수도 있다.

셋째, 고객들과 직접 상대하는 곳이라면 불편사항 신고 같은 무거운 주제보다는 '좋은 질문받기' 형식을 활용하라. 고객 입장에서 부담이 훨씬 적을 것이다.

기억하세요! 질문받기의 힘
* 질문을 받는 건 귀찮다. (X)
* 많은 질문을 받아 분류하고 답을 정리하면 새로운 것을 창조할 수 있다. (O)

빅데이터 통계를 활용하라

초등학교가 급속도로 줄어들고 있다. 2019년 통계청이 내놓은 '2017~2067년 장래 인구 추계'에 따르면 2019년부터 사망자 수가 출생아 수를 앞질러 인구 자연감소가 시작된다. 이런 인구감소는 가장 먼저 교육현장을 변화시킬 전망이다. 당연히 학교·학급 수는 줄어들고 교원의 필요성이 줄어들게 되며 대학구조조정은 빠르게 진행될 것이다.

일 전체에도 영향을 미친다. 2019년 3월에 국세청이 우리 일상생활과 밀접하게 관련된 품목을 취급하는 100개 업종을 추린 '100대 업종 사업자 현황'을 분석한 결과를 발표했다.

2014년 9월과 2018년 9월을 비교한 현황에 따르면, 가장 높은 비율로 늘어난 업종은 단전호흡·요가·탁구장·정구장 같은 '스포츠 시설 운영업'이었다.

그 기간 사이 무려 3배로 늘었다. 피부 관리업(82.4%), 헬스클럽(51.5%)도 많이 늘어난 업종 상위 10위권에 올랐다. 여행을 즐기는 사람들이 늘면서 증가율 2위는 펜션·게스트하우스(130.4%)였다. 여행사, 자전거 판매점, 스포츠 교육기관 등도 두 자릿수 이상으로 증가했다.

인터넷 쇼핑이 활성화되면서 통신 판매업은 4년 새 46.3%나 늘어나 증가율 8위를 기록했다. 화장품·옷·신발가게·문구점 등 전통적인 오프라인 매장의 수가 줄어들었다. 가전제품 판매점은 줄어든 반면, 가전제품 수리점은 68.68%나 늘어나 증가율 7위를 기록했다.

담배 가게는 최근 금연 분위기에 따라 4년 새 1만9178개에서 1만3790개로 28.1%나 줄어 가장 높은 비율로 줄어든 업종 3위를 차지했다. 음주 회식문화가 줄면서 간이주점(-19.3%)·호프 전문점(-14.9%)도 감소율 상위 10위권에 들었다.

애완용품점이 102.6% 늘어난 7576개로 3위를 차지했고, 동물병원도 16% 증가했다. 혼자서 간편하게 이용할 수 있는 편의점과 패스트푸드점도 각각 43.3%·29.6% 늘어난 것으로 집계됐다. 예식장(-17.5%)·결혼상담소(-11.9%)가 감소율 10위권에 들었다. 산부인과도 3.1% 줄었다. 실내스크린골프(63.1%)가 전국 곳곳에 생기는 동안 실외골프연습장(-30.1%)은 간판을 내렸다. 남성들의 방문이 늘면서 미용실(17.9%)은 증가했지만 이발소(-8.7%)는 줄었다.

왜 망하는 업종과 흥하는 업종을 시시콜콜 이곳에 소개하는가? 이유는 분명하다. 저출산의 거대한 무대 자체의 변화가 우리 일의 성패를 좌우한다는 시각을 얻어야 하기 때문이다. 다시 말해 흥하는 일과 망하는 일은 우리의 노력 여부도 중요하지만, 그에 앞서 통계수치가 결정하고 있다는 사실이다.

저출산, 1인 가구, 비혼·만혼晚婚 시대에 아기 출산이 줄어들면서 산부인과를 찾는 여성이 줄어들 것이요. 출생하는 인구수가 줄어들면 앞으로 화장품·옷·신발가게·문구점들은 힘겨운 시장이 될 가능성이 크다. 예식장이나 결혼상담소가 설 자리는 점점 좁아질 것이다.

반면 혼자 사는 1인 가구가 늘어난다는 점에서 반려동물 관련 업종은 폭발적으로 성장할 것이란 예측이 가능하다. 혼자 사는 사람은 반려동물과 두근두근 반응할 확률이 높기 때문이다. 당연히 편의점과 패스트푸드점이 늘어날 것이다.

빅데이터를 기반으로 한 통계자료를 들여다보고 있으면 무대의 경향성과 방향성이 보인다. 그만큼 예측력을 발휘할 수 있다. 일의 성패를 미리 장악하여 변주할 수 있게 되는 것이다.

빅데이터란 실시간 업데이트되는 엄청난 양의 정보를 말한다. 그 정보를 통해 현재, 미래의 트렌드 예측, 고객의 니즈나 욕망을 읽어내고 새로운 전략이나 아이디어를 찾아낼 수 있다. 심지어 보이지 않는 작동 메커니즘이나 인간의 힘으로는 도저히 파악할 수 없는 통찰을 얻을 수도 있다.

우리는 현재 빅데이터 속에 살고 있다. 우리가 보는 포털의 광고, 유튜브의 영상이나 우리의 검색키워드 등은 모두 빅데이터로 집계돼 우리 자신에게는 물론 많은 사람에게 맞춤 정보로 활용되고 있다. 데이터는 공간정보다. 빅데이터가 될수록, 공간정보가 확장될수록 시간 정보의 가치를 지니게 된다. 즉, 빅데이터는 공간과 시간 정보를 담아 창조프로세스를 예측할 수 있는 가치를 제공한다. '일

통찰'을 발휘하기 위해 알아두면 좋은 빅데이터 활용 사이트 몇 군데를 소개한다.

• 서울시 빅데이터 캠퍼스 https://bigdata.seoul.go.kr

서울시가 확보한 유용한 빅데이터를 시민·시민사회가 활용할 수 있도록 제공하여 사회문제를 함께 해결하기 위하여 함께 참여하고 협력하는 캠퍼스다.

서울시는 빅데이터 4,500여 종을 오픈하며 지난 2016년부터 빅데이터 캠퍼스에서 시민이면 누구나 열람할 수 있게 했다.

캠퍼스가 가진 빅데이터엔 개인이 쉽게 접하기 힘든 신용카드 이용현황과 대중교통 이용통계 등 시가 2013년부터 수집한 빅데이터 41종이 포함된다. 또한 서울시는 통합공간정보시스템의 지리정보 데이터 473종, 열린 데이터 광장에서 전하는 4000여 종의 자료도 마련했다. 캠퍼스에서는 일반분석실 3개(64석)와 세미나실(32석), 회의실 등 시설을 제공하고 있다.

• 빅데이터 전략센터 www.kbig.kr

한국정보화진흥원(NIA)에서 제공하는 소셜네트워크 데이터 분석 사이트 '빅데이터 전략센터'다. 분석활용 카테고리에서 소셜 분석체험을 클릭하면 찾고자 하는 정보의 키워드를 검색할 수 있다.

포털사이트처럼 빅데이터를 찾아주기 때문에 누구나 간편하게 활용할 수 있다.

급상승 키워드, 데이터 소스별 문서량, 카테고리별 문서량 등을 쉽게 찾아볼 수 있으며, 연관키워드나 기간 설정 등 다양한 추가 검색 설정도 편리하다.

한 달 기간을 설정한 후 '창업'을 검색해 보니 2월 데이터 순위에 놀이방과 핵융합, 3월에는 서울대, 창업 아이템이 급상승 키워드로 표출되고, 트위터와 뉴스에서 문서량이 절반가량씩 검색된 것으로 나왔다.

• 네이버 데이터 랩 https://datalab.naver.com

네이버 빅데이터 분석 사이트 '네이버 데이터 랩'에서는 실시간 인기검색어를 좀 더 자세하게 분석해 볼 수 있는 곳이다. 날짜별, 요일별, 시간별로 급상승 키워드를 살펴볼 수 있다.

카테고리에서는 급상승 검색어, 검색어 트렌드, 쇼핑인 사이트, 지역 통계, 댓글통계, 공공데이터까지 분류돼 있다.

검색어를 넣고 검색범위 설정은 물론 기간, 남녀분류나 성별까지 선택기능이 있어 통계의 정확성을 높일 수 있다.

• 데이터 플래닛 www.dataplanet.co.kr

　개인 기업으로 운영되는 '데이터 플래닛'은 빅데이터를 분석해 다양한 차트로 보여주는 곳이다. 데이터 플래닛은 개인, 정부, 민간 기업, 기관 등이 보유한 공공 데이터(빅데이터)를 제공하지만, 가장 중요한 특징은 다양한 차트, 지도, 그리드와 같은 인터랙티브 시각화 자료를 제작하여 볼 수 있게 한 서비스다. 시각 처리된 빅데이터 집계자료는 누구나 편리하고 손쉽게 볼 수 있고 활용할 수 있도록 도와준다.

　검색창에 '벤처'라는 키워드를 입력하니 순식간에 벤처투자 회수 규모(2014~2014), 벤처투자 규모 추이(2014~2018), 벤처캐피탈 투자현황(2014~2018) 등 자료가 뜨며, 벤처투자 규모 추이를 선택하자 즉시 차트로 정보가 제공된다. 차트 아래 활용하기를 선택하면 주소를 복사하여 데이터 소스를 다른 곳으로 가져갈 수도 있다.

> **기억하세요! 빅데이터 시대**
> * 개별 데이터를 많이 암기한다. (X)
> * 빅데이터로 무대의 경향성과 방향성을 읽어낸다. (O)

아버지의 유산

누구나 아버지에 대한 특별한 추억 한두 개쯤은 가지고 있을 것이다. 나도 '아버지와 그 사건들'을 겪은 후부터 어떤 난관을 만났을 때 '전진으로 돌파할까, 후진으로 벗어날까?'를 늘 생각하는 습관이 생겼다.

'그 사건' 중 첫 번째 이야기는 경운기 사고에서 시작한다.

"아버지, 뛰어내려요!"

난 아버지에게 다급하게 소리쳤다. 그때 짐칸에 나를 태운 아버지는 경운기를 운전하는 중이셨다. 지금 막 경사가 매우 심한 내리막 커브 길을 내려가는 참. 경운기는 순간 방향을 잡지 못한 채 길과 논 사이의 도랑으로 곤두박질치고 있었다.

이미 상황을 돌이키기엔 늦었다는 걸 직감했다.

경운기를 버리는 것이 상책이었다. 지금 버리지 않으면 아버지가 위험해질 것이다. 길과 도랑 사이의 높이는 3m 남짓. 깊은 낭떠러지는 아니었지만, 행여나 경운기가 뒤집히거나 운전 손잡이에 충격을 당한다면 큰 사고로 이어질 수 있었다.

"빨리 뛰어내려요!"

나는 다시 한번 소리쳤다. 경운기의 머리는 이미 논 사이 도랑으로 처박히고 있었다. 아버지는 그제야 땅 위로 잽싸게 뛰어내렸다.

뒤쪽 짐칸에 타고 있던 나도 급히 길바닥으로 내려섰다. 주인 없는 경운기는 구렁이가 구멍 속으로 내려가듯 스르르 미끄러져 도랑 속으로 온몸을 집어넣었다.

'탈탈탈-'

엔진소리는 요란했고 네 바퀴는 제자리에서 하염없이 돌고 있었다.

경운기 운전법은 일반 자동차와 좀 다르다. 특히 내리막길 운전은 엄청난 스킬과 내공이 필요하다. 경운기는 동력이 있는 머리채와 무동력의 짐칸이 연결된 개미 모양을 하고 있으므로 아무리 베테랑 농부라도 내리막길 운전에선 온 신경을 곤두세워야 한다.

평지 길이라면 오른쪽으로 방향전환을 할 때 오른쪽 손잡이와 연결된 동력을 끊어야 한다. 반대로 좌측으로 이동할 때는 좌측 손잡이와 연결된 동력을 끊어야 한다.

그러나 내리막길에선 작동법이 완전히 반대다. 무동력의 뒤쪽 짐칸 무게가 머리 동체를 압박하는 힘으로 전달되어 평지에서와는 다른 반대 동력을 끊어야 원하는 방향으로 전환할 수 있다.

평평한 길이냐, 내리막길이냐, 짐칸에 짐이 많이 실렸느냐, 적게 실렸느냐에 따라 브레이크나 방향전환법이 제각각 달라지는 것이다.

게다가 경사가 급한 커브 내리막길이라면 경사도나 짐칸의 짐 무게까지 고려해 오직 고도의 감각만으로 순간적인 의사결정을 내려야 한다. 내리막길에 커브가 있는 어려운 코스를 만났을 때 '아차' 하는 순간 인명사고까지 날 수 있는 게 바로 경운기다.

벌써 농촌 들가에는 저녁노을이 퍼지기 시작했다. 얼마 후면 어둠이 밀려올 것이다. 밤이 되기 전에 경운기를 끄집어낼 아이디어를 빨리 생각해 내지 않으면 안 되었다.

'어떻게 한다?'

나는 경운기를 끄집어낼 아이디어를 빨리 떠올리려 머리를 짜냈다.

첫째, 마을로 가서 경운기 한 대를 빌려와 밧줄로 연결해 뒤에서 당겨낸다.

둘째, 지나가는 트럭을 잡아 밧줄로 연결 뒤로 당겨서 끄집어낸다.

셋째, 크레인 작업차를 불러 경운기를 끄집어내고 사용료를 지급한다.

경운기를 잡아당겨 다시 길 위로 끌어올리는 방법이 가장 최선이라고 판단했다. 도랑에 빠진 경운기를 길로 끌어당겨 올린다는 생각은 나에겐 너무나 합리적이고 이성적인 판단이었다.

그때 물끄러미 경운기를 바라보시던 아버지가 나에게 손짓하며 이렇게 말씀하셨다.

"지금 형한테 전화해서 삽 두 자루만 가져오라고 해라."

"네? 삽이요?"

나는 영문을 몰라 다시 아버지에게 되물었다.

"삽으로 어떻게 이 경운기를 끄집어내시게요? 곧 밤이 될 텐데 그냥 크레인을 불러 끌어당기는 게 빠르지 않을까요?"

아버지의 의도를 알 수 없었지만 마지못해 핸드폰을 꾹꾹 눌렀다. 그러나 삽 두 자루로 이 상황을 해결할 멋진 그림이 도무지 그려지지 않았다.

얼마 후 형이 도착하자 아버지는 삽 끝으로 흙을 파낼 곳을 푹 찍어 표시했다. 그곳은 바로 경운기 머리채가 처박혀 있는 도랑의 반대쪽 둑이었다. 1m 정도 되는 넓이의 둑은 논과 연결돼 있었다. 형과 나는 아버지가 표시한 논둑에 삽질을 시작했다. 10여 분 정도 흙을 파내니 경운기 머리를 완전히 감싸던 둑이 완전히 제거됐다.

도랑과 논이 연결되자 경운기는 아주 쉽게 전진하여 논 한가운데로 빠져나왔다. 생각보다 너무 싱겁게 문제가 해결됐다.

"와, 이거 너무 간단하잖아!"

금세 논바닥 한가운데에 들어선 경운기를 보고 난 후 아버지의 말씀.

"파놓은 논둑은 다시 튼튼하게 쌓아야지!"

둑은 다시 쌓여 이내 도랑과 논을 분리하던 원래 모습으로 되돌아갔다.

나는 아버지를 보며 피식 웃고 말았다.

"뒤로 끌어당기지 않고 그냥 앞으로 전진시키는 방법도 있었군요."

그 일이 있고 난 후 다시 고향 집을 찾았을 때 두 번째 '사건'이
벌어졌다. 시골집 대문 앞 도랑에 그만 자동차 뒷바퀴 하나가 빠지
고 말았다.

후진하다가 그만 풀덤불 속에 가려져 있던 1m가량 오픈된 도랑
을 발견하지 못한 것이다. 뒷바퀴 하나가 도랑에 완전히 빠지자 차
는 옴짝달싹도 하지 않았다.

'어떻게 해야 하나?'

이번에도 나는 차를 빨리 꺼낼 가장 합리적인 방법을 찾기 시작
했다.

첫째, 뒷바퀴 앞부분에 돌을 쌓아 올려 공회전하는 바퀴가 힘을
받을 수 있도록 한다.

둘째, 경운기를 차체와 연결하여 앞에서 끌어당긴다.

셋째, 경운기로도 차를 꺼내지 못하면 대형 크레인 작업차를 불
러 자동차를 당겨 끄집어내고 사용료를 지급한다.

첫 번째 방법은 바퀴 축이 도랑 난간에 걸려 있는 상태에서 아무
리 차곡차곡 돌을 쌓아도 바퀴에 힘이 전달되지 않아 실패였다.

곧 두 번째 방법을 써보았다. 경운기를 끌고 와 차체와 연결해 당
겨보았다. 한쪽 바퀴의 힘을 완전히 상실한 차체를 경운기로 끌어

내기에는 역부족이었다. 이마저도 실패. 결국 남은 것은 세 번째 방법이었다.

"아버지, 차바퀴가 대문 옆 도랑에 빠졌는데 꼼짝 않네요. 혹시 차를 끌어낼 크레인 전화번호 있어요?"

아버지께서 직접 나와 차의 상태를 살폈다. 뒷바퀴를 빠진 상황을 보시더니 하시는 말씀,

"뒤로 빼!"

나는 이번에도 감을 잡지 못한 채 다시 아버지에게 되물었다.

"예? 뒤로요?"

그때서야 비로소 나는 차가 후진으로 도랑을 빠져나올 방법을 생각했다. 나는 무릎을 '탁' 쳤다.

"아, 그렇게 한번 해 보면 되겠네."

도랑은 경사가 있었고 턱에 뒷바퀴가 걸려 있었다. 당연히 자동차를 전진시키는 건 힘들었다. 하지만 후진이라면 낮아지는 경사도를 따라 바퀴의 힘이 가해질 가능성이 있었다.

나는 넓고 두꺼운 철판지를 하나 가져와 빠져 있는 바퀴의 뒤쪽에 밀어 넣고 도랑 밖으로 걸쳐놓았다.

차에 시동을 걸어 후진기어를 놓고 천천히 액셀러레이터를 밟았다. 꼼짝도 하지 않던 차는 불과 2~3초 만에 도랑을 빠져나왔다.

나도 모르게 '야호' 하는 소리를 내질렀다. 또 다시 너무 싱겁게 일이 해결됐다는 생각이 스쳤다.

"이번엔 전진이 아니라 후진이잖아."

이쯤 되니 아버지의 코치가 단순히 우연이라 무시할 수 없었다. 아버지께 또 한 수 배운 것이다. 그때 문득 통찰 하나가 내 머리를 스쳤다.

'아, 인생이란 정말 앞문도 있고 뒷문도 있는 거군.'

인생을 살아가며 나는 사전에 정해 둔 목표를 위해 혹은 정해진 시간에 쫓겨 나름 합리적이라고 판단한 '하나만의 길'을 고집스럽게 선택하며 살아온 건 아닐까? 어느새 그런 습관이 몸에 깊숙이 배어 있었던 건 아닐까?

우리가 흔히 말하는 '고정관념'이란 결국 자신이 보고 싶은 것만 보는 것이다. 관성의 법칙처럼 우리는 가던 길로 혹은 가던 방향으로 고집스럽게 가려는 경향이 결국 생각 실패의 가장 큰 원인이다.

실제로 인지심리학 교수 조던 피터슨은 이런 인간 사고의 오류 작동방식을 하나의 '방'에 비유해 다음과 같이 설명하고 있다.

"이 방에는 무수히 많은 정보가 있다. 하지만 방에 들어와 그 정보를 처리하기 시작할 때 우리는 자신의 목적과 직접 관계가 있는 것에만 관심을 둘 뿐이다. 우리가 미처 모르는 것들, 그리고 어떻게 행동해야 할지 모르는 미지의 영역들은 어디에나 존재한다."

조던 교수의 말은, 있는 그대로의 '전체 정보'가 아니라 사람이 자신에게 필요한 '부분의 정보'로만 인지하고 생각을 처리하는 게 고정관념이라는 의미다.

인간은 보통 자신의 목적과 직접 관계가 있거나 있다고 믿는 일부의 정보를 그냥 완전한 정보라고 '믿기로' 한다. 그것이 생각의 오류에 빠지게 하고 결국 창의적인 사고를 할 수 없게 만든다.

세계적인 기업 '아마존'의 포스투에어 책임자 스캇 루스필드는 『심플렉서티』라는 책에서 다음과 같은 말을 했다.

"사람들은 자신들이 전문가라 생각하고 어떤 유형이나 경향들을 추정해내려 애씁니다. 하지만 그 사람들이 내리는 판단은 대개 틀립니다."

이를테면, 어떤 중요한 의사결정을 할 때 '자기의 관점'은 대개 틀리니 일단 배제해 놓고 판단해 보라는 것이다. 우리가 쉽게 '이건 이것 때문이야'라고 해왔던, 첫 번째 떠오른 좋은 생각을 '이건 이것 때문이 아닐 수도 있어'라며 무조건 거부해 보는 식이다.

라이스 대학교 에릭데인 교수의 연구에 따르면 전문성과 경험이 깊어질수록 새로운 관점을 갖는 게 어렵다고 한다. 심지어 하버드 비즈니스 카림 라카니는 비전문성이 창의성을 높인다는 보고서를 내기도 했다.

실제로 대기업이나 영리 목적의 연구소 등으로부터 어려운 문제들을 받아 온라인 게시판에 올려놓고 공개적으로 풀게 하여 보상하는 플랫폼인 이노센티브의 통계 결과, 문제를 해결한 사람의

40%가 관련 분야의 전공자가 아니었다.

창의성은 인간의 시각과 생각을 버리고 먼저 방의 관점에서 바라보는 것이다. 창의적인 사고는 자신의 목적 여부와 관계없이 방에 있는 그대로의 전체 데이터를 객관적으로 보는 것에서 출발한다. 자기가 보고 싶은 현실이나 환상을 버리고, 모든 현실을 있는 그대로 보는 눈이다.

사실 막무가내로 머리를 쥐어짠다고 기발한 아이디어가 나오는 건 아니다. 아이디어는 사건이 일어나는 패턴 속에 이미 존재하고 우린 그것을 발견해 낼 뿐이다.

아이디어는 우리 손아귀에서 찾아내야 하는 게 아니고 창고 안에 이미 수북이 쌓여 있다. 아이디어란 '창고 주머니 → 아이디어 트럭 → 아이디어 수레 → 아이디어 가방→ 아이디어 지갑'을 거쳐 우리에게 온다.

내 관점으로 보면 내가 갈 길은 오직 앞쪽 한 방향뿐이다. 내 머리를 짜내는 식이다. 하지만 우리가 서 있는 무대의 관점에서 보면 통찰이 일어난다. 사방은 360도다. 그러니 한 방향이 아니라 360개의 방향이 있고 360가지의 해결책이 존재한다. 그중에 이 순간 최적의 아이디어를 골라내기만 하면 된다. 아이디어가 이미 무궁무진한 보이지 않는 발밑의 무대를 통찰하는 것이 바로 창의성의 본질이다.

"앞으로 갈까, 뒤로 갈까?"

함부로 독단과 독선에 빠지지 말고 고정관념에 벗어나 때론 후진도 때론 전진도 생각해 본다.

인간이 범하기 쉬운 생각의 오류들

- 눈에 보이는 그대로 믿는 시각오류 사고(Visual error thinking) : 태양이 뜬다.
- 움직이는 것을 원인으로 보는 모션오류 사고(Motion error thinking) : 배가 불러오니 임산부인가 보다!
- 엉뚱한 곳에서 원인을 끌어오는 태그오류 사고(Tag error thinking) : 이 실패는 조상 탓이야!
- 상대방 입장에 따라 바뀌는 상대성 오류 사고(Relative error thinking) : 네 얼굴 봐서 믿어주지!
- 환경이 생각을 지배하는 배후무대 오류 사고(Eternal energy error thinking) : 병원 간호사들의 일명 '태움문화'는 간호사들이 목숨을 다루는 일이니 철저히 후배들을 교육하겠다는 자기 생각 때문에 생겨난 것일까? 아니면 OECD 국가 기준 한 간호사가 너무 많은 환자를 담당하는 병원의 경제논리 무대에 서 있기 때문일까?

인간의 사고는 보이는 것 중심으로 보고, 전체가 아니라 부분의 데이터를 가지고 생각하니까 당연히 오류투성이의 결과를 받아 안는다는 사실을 인정해야 한다.

그냥 사는 데는 대충 넘어가도 지장이 없지만, 창조적이고 중요한 의사결정 순간에는 반드시 이 수많은 생각 오류들이 나를 괴롭히고 일을 실패로 만든다.

'보이지 않는 것 → 보이는 것'을 지배하고 '전체 → 부분'을 장악하고 있다는 '일 통찰'을 얻을 때 인간은 진리와 마주할 수 있고 인류는 한 차원 높은 단계로 다시 한번 도약할 수 있다. 인간 눈에 보이는 것으로 판단하는 천동설로는 결단코 달나라에 우주왕복선을 보낼 수 없는 것처럼 말이다.

> **기억하세요! 생각의 방향**
> * 내 눈앞에 보이는 앞 방향 하나만 있다. (X)
> * 무대 관점에서 보면 360도에 360개의 방향이 있다. (O)

왜 나이 들수록 시간이 빨라질까?

어릴 때는 시간이 참 안 간다. 그렇게 느낀다. 나이가 들수록 시간이 순식간에 지나간다. 그렇게 느낀다. 시간 착시현상이다. 뇌 과학에선 어린 뇌가 오감을 통해 받아들이는 정보전달 속도가 빠르기 때문이라고 규명한다. 쉽게 설명하면 요런 이야기다.

아이들은 매 순간이 중요하다. 호기심이 지나치다. 늘 새롭다. 흥분전달 물질이 넘친다. 두근두근한다. 연결되고 조합된다. 집중한다. 기억한다. 장면을 찍는다. 그때그때마다 긴 프로세스가 작동한다.

프로세스라서 한 장면이 길~다. 한 장면을 연속 카메라로 찰칵, 찰칵, 찰칵 많이 찍어야 한다. 한 장면에 사진을 엄청나게 찍으니, 마치 세상을 슬로비디오로 보는 것과 같아진다. 시간이 느~려~진~다.

나이가 들면 반대가 된다. 뇌 정보전달 속도가 느리다. 흥분전달 물질이 사라진다. 새로운 게 없다. 호기심이 없다. 두근두근이 없다. 연결되지 않고 그냥 단편적이다. 집중하지 않는다. 그때그때 결과값만 보인다.

결과값만 있어 긴 프로세스라도 한 컷 사진만 찍는다. 짧다. 마치 세상이 스틸사진처럼 듬성듬성 지나간다. 시간이 유수처럼 쏜살같이 흘러가는 듯 느낀다. 한 사건을 볼 때 우리 뇌가 어떻게 인식하느냐에 따라 시간 착시가 생기는 것이다.

- 무대 세팅 → 두근 + 두근 연결 → 착상 → 쑥쑥 → 창조결과
- 창조결과

위와 아래 관점에 따라 같은 사건이라도 전혀 다르게 뇌가 인식한다. 젊은 시절엔 연애하고 두근두근 가슴 뛰고 손잡고 뽀뽀하고 결혼하고 열 달 거쳐 아기가 태어나는 전 과정을 기억한다. 순간순간 새롭고 신선하고 가슴 뛰니 수많은 컷이 찍힌다. 1초에 100장이 찍히니 세상은 슬로모션이다. 천천히 흐른다.

어느새 나이가 들었다. 뇌는 불필요한 에너지를 줄인다. 아기가 태어났군. 한 컷이면 족하다. 시간이 유수 같다.

- 시간이 느리게 가도록 하는 법은?
- 뇌가 다시 두근두근 반응하도록 젊어지는 법은?

답은 하나뿐이다. 결과값에 한 컷 찍는 관점에서 무대 세팅 컷 → 두근 + 두근 컷 → 착상 컷 → 쑥쑥 컷 → 창조결과 컷에 100장씩 찍는 관점으로 바꾸면 된다. 창조프로세스로 보는 사고 메커니

즘이다.

잃어버렸던 두근두근을 다시 찾는 방법은 창조프로세스로 세상을 보는 것이다.

창조프로세스로 보면 보이지 않는 무대도 보이고, 두근과 두근의 요소들도 다시 새롭게 보이고, 착상도 보이고, 쑥쑥의 단계별 절차도 보이고, 결과도 보인다. 결과 한 컷만 보던 뇌가 갑자기 바빠진다. 어떤 결과값 하나 안에 무수히 많은 이미지 컷들을 찍을 수 있다.

물론 인간은 매 순간 모든 걸 창조프로세스로 이미지를 찍을 순 없을 것이다. 에너지를 효율적으로 관리해야 하기 때문이다. 그러나 인생에서 정말 중요한 순간, 창조성이 필요한 사건, 통찰이 절실한 일일 때 그것을 창조프로세스로 100컷씩 찍어보자.

그 순간이 슬로비디오가 되어 오래오래 뇌에 남을 확률이 높아질 것이다. 그럼 시간은 느려지고 우리는 좀 더 '젊게' 살 수 있다.

기억하세요! 느려지는 시간의 착시

* 결과값 한 컷만 찰칵 찍는다. (X)
* 결과값이 창조되는 창조프로세스 모든 단계를 찰칵 찰칵 찰칵 무수히 찍는다. (O)

자기성장 자료수집 관리 전략

나는 30년 경력의 언론 기자이며 기업과 정부기관의 공모전략 컨설턴트, 심사위원, 창의성 강사이면서 16권의 책을 낸 저자이다. 특히 창의성에 대한 기존 개념을 완전히 뒤집어 심플한 인문학적 통찰공식으로 정립한 '창의방정식'을 개발해 강연하면서 기업과 공무원, 대학 등에서 큰 사랑을 받고 있다.

창의적 사고를 심플한 생각공식으로 만들어 모든 분야에서 '일 통찰'을 돕는다. 내가 기자, 저자, 기획자, 아이디어코치, 강사 등 다양한 분야에서 활동을 동시에 하며 혁신적인 사고를 할 수 있었던 건 수많은 자료를 관리 통합하고 분석하는 능력이 있었기 때문이다.

나는 대학 1학년 때부터 학보 신문기자가 됐다. 평생 취재와 자료 수집을 통해 정보를 모으고 책과 다양한 미디어를 통해 드러난 정보를 조합하여 그 안에 의미 있는 맥락을 찾아내고 창조적인 솔루션을 찾아냈다.

내가 가지고 있는 자료 분석 노하우는 무엇일까? 바로 '아이디어 블로그'이다. 대학 졸업 후 27살 때 본격적인 주간지 기자를 시작하면서 관심 있는 분야의 정보를 수집하고 데이터를 체계적으로 관리하는 포털사이트 블로그를 운영하기 시작했다.

방을 개설한 후 먼저 관심 카테고리를 체계적으로 세분화하여 분류했다. 아이디어창고 블로그를 운영하면서 나는 언제 어디서든 관심 정보와 머리에 떠오르는 수많은 아이디어를 스크랩하고 메모해 둔다. 내가 20대부터 쓰기 시작한 기사와 책 원고, 칼럼은 물론, 수많은 질문과 답변 등을 20년 넘는 지금까지 수집하고 관리해 오고 있다.

초기에는 블로그 비공개 방으로 운영하여 남들에게 공개하지 않으니 특별히 외양에 신경 쓸 필요가 없었다. 좋은 자료라고 생각하면 1~2초 만에 즉시 블로그 해당 분야 카테고리에 스크랩해 저장해 두었다.

언제든 새로운 아이디어가 떠오르면 해당 카테고리에 편하게 메모해 두었으며, 내가 쓴 기사는 빠짐없이 복사해 기사 코너에 넣어 두었고, 상담을 통해 받는 다양한 질문이나 답변 내용도 그대로 옮겨 모아 두었다.

한 10년 이상 수많은 정보가 쌓이니까 어느 순간 이런 데이터베이스들이 저절로 연결되면서 나만의 새로운 아이디어와 정보를 창조하기 시작했다. 새로운 기사나 칼럼이 여기에서 뚝딱 창조된다.

컨설팅이 필요할 때는 해당 카테고리의 자료 분석을 통해 코칭 솔루션이 즉각 나오고, 강연 요청이 오면 해당 주제 자료가 있는 카테고리에 들어가 데이터 분석을 한다. 그러면 순식간에 강연 설계도가 만들어지고 PPT 강연 슬라이드를 만들어 낼 수 있었다. 강연 업그레이드가 되면 어느 순간 책 한 권이 뚝딱 탄생하기도 한다. 이런 패턴을 반복해 지금까지 많은 책을 저술했다.

데이터 연결과 분석은 책 쓰기 과정에서 가장 기본적이고 핵심적인 능력이다. 어떤 특정한 관심 무대를 설정한 후 그 안에 다양한 데이터를 모으고 분류하고 통합하면 어느 순간 새로운 데이터와 조합되면서 특별한 책의 콘셉트가 떠오른다. 물론 나는 모든 창조물을 다시 이 블로그에 지식정보 데이터값으로 넣어둔다.

나는 개별 지식이나 낱개의 정보로 놔두지 않고 무대에 다양한 방을 구분해 지식과 정보를 언제든 연결할 수 있게 배치해 두었다. 단지 그렇게 해 두는 것만으로도 그 무대 위에 창조적인 일은 저절로 이루어지더라는 것이다.

나는 많은 사람에게 조언한다.

"제발 개별 지식이나 낱개의 정보로 놔두지 마세요. 휘발성이 있어 다 날아가 버립니다. 그러니 될 수 있는 대로 젊은 나이에 최대한 빨리 개별 지식과 낱개의 정보를 보관할 창고를 먼저 지으세요. 공짜로 지을 수 있습니다. 그러면 5년 뒤, 혹은 10년 뒤 당신은 100% 그 분야의 전문가가 돼 있을 것입니다."

기억하세요! 전문가가 되기 위한 '일 통찰'

* 개별 지식이나 낱개의 정보로 각자 놔둔다. (X)
* 개별 지식과 낱개의 정보를 카테고리별로 모두 담을 창고를 짓는다. (O)

당신이 교육자라면?

창의인재 교육의 출발점은 무엇인가? 배우관점을 가르치느냐? 감독관점을 가르치느냐? 여기에서 모든 것이 결판난다. 그것이 기업교육이든, 학교교육이든, 독서교육이든, 토론교육이든, 체험교육이든 상관없다.

당신은 지금 당신이 가르치고 있는 이들에게 '감독관점'을 심어주고 있는가? 아마 아닐 것이다. 왜냐하면, 교육하는 순간 이미 당신은 감독이 돼 있고 배우는 이들은 배우가 될 테니까.

배우 포지션에 서는 순간 인간은 상대를 본다. 상대적으로 보면 지식, 정보, 낱개, 부분으로 사고하게 된다. 무대 전체를 통찰하지 못하는 자리에 자리 잡기 때문이다.

내 관점에서 아무리 좋은 목적이라도 전체 프로세스 관점으로 보면 역설이 작용한다. 시작부터 의도가 어긋나게 된다. 전체 포지션을 모르고 시작하기 때문이다. 전체 포지션이 6개 요소로 연결되어 창조가 일어나는 프로세스라는 사실을 터득하지 못했기 때문이다.

모든 창의인재 양성교육은 지금 이런 딜레마에 빠져 있다. 그래서 발상의 전환이 필요하다. 통찰이 필요한 시점이다. 모든 교육자는 먼저 창조의 전체 포지션을 알고 있어야 한다. 그 포지션을 알려주는 창조프로세스를 알아야 한다. 그래야 우리는 지금까지와 다른 새로운 교육의 지평을 넓힐 수 있다.

• 독서교육?

학창시절 책 10권을 읽든, 책 100권을 읽든, 1,000권을 읽든 그게 삶 전체로 보면 그리 중요한 것도 아니다. 독서를 통해 운명을 바꾸는 일부 사람들은 자기 무대에 필요한 어떤 임계점에 도달했을 뿐이다. 나는 촌에서 초중고 시절을 보낸지라 서점도 없었고 도서관도 없었다. 학창시절 내내 교과서 외에 책 구경조차 거의 하지 못했다.

그런데 좋은 독자 말고 내가 직접 써보겠다는 저자관점으로 바꾸는 순간 16권의 책을 쓴 저자가 됐다. 당연히 즐겁게 신나게 관심 분야의 책을 저절로 읽게 된다. 우리 아이들에게 어린 시절부터 저자관점으로 독서를 시켰더니 모두 자신의 책을 출간한 저자가 됐다.

• 실험교육? 체험교육?

나는 학교에 갔다 오면 논밭 일을 거들어야 했다. 추운 겨울 저녁마다 군불 때기와 소죽 끓이기도 싫었고 고추밭, 깨밭에 비닐 씌우기와 풀매기, 고추 따기와 깨 털기는 너무나 지겨웠다. 한여름 땡볕에서 일해야 했으므로 학교에서 집에 빨리 오기도 싫었고 항상 뒷산에서 놀고 있을 친구들에게 가고 싶었다.

어머니 혼자 밭일을 한다는 생각을 하니 안쓰러워 억지로 하긴 했지만 내 어린 시절 '농촌체험'이 내 관점을 바꾸거나 인생의 철학적 깨달음을 주었거나 통찰을 던져준 건 없었다.

그 수많은 체험과 실험들이 모두 6가지 창조프로세스로 작동되고 있다는 비밀을 모르고 했기 때문이다. 당시 나는 일을 체험할 때 철저히 미션이 부여된 기계의 부품이었을 뿐이다.

• 토론교육?

배우관점으로 열심히 토론하는 방향을 잡으면 오히려 역효과가 날 수 있다. 어린 시절부터 세상을 대결구조로 인식하여 상대를 의심하고 신뢰하지 않으며 자기 논리를 포장하는 말 스킬만 발전시킬 수 있기 때문이다.

• 직무교육?

비즈니스에서는 업무 기능, 지식, 정보, 고객서비스(CS), 리더십, 팀워크, 소통 등 다양한 인재개발 교육이 필요하다. 그러나 그것을 낱개로 쪼개서 인식할 때 생명력은 사라진다.

죽어 있는 지식과 정보가 조직의 커다란 변화나 혁신을 가져올 리 만무하다. 일 전체의 흐름과 프로세스 안에 피로, 살로, 영양분이나 수분이 상호작용하며 생명력이 생길 때 창조적인 가치를 만들어 낼 수 있기 때문이다.

- a) 가만히 놔두기 교육 : 제멋대로다!
- b) 독서, 체험, 토론, 직무교육 : 상대적 대응반응, 스트레스 요인, 상대에 대한 불필요한 의심, 권력 대응

아무것도 가르치지 않느냐? vs 독서, 토론, 체험, 직무교육을 하느냐? 당연히 a)보다는 b)가 낫다. 그러나 b)가 최선일까? 창조프로세스로 보면 창의교육의 진짜 답은 따로 있다.

- 독서를 하되 저자(감독)관점으로 책이 창조되는 6가지 핵심요소의 연결과 프로세스를 이해하고 읽어라.
- 체험하되 그 일이 창조되는 6가지 핵심요소의 연결과 프로세스 전체를 포착하는 창조자(감독)관점으로 실행하라.
- 토론하되 나와 상대를 구분하여 차이점 찾기보다 공통점과 교집합의 무대를 먼저 찾는 리더(감독)관점으로 소통하라.
- 직무교육을 하되, 비즈니스 무대 범위를 드러내고 시간 설계도와 공간 설계도를 그려 일과 직무 전체가 어떻게 유기적으로 연결되는지 파악하여 자신의 역할과 목표를 설정해 실천해 나가는 것이다. 그 실천과정에 중요한 데이터를 관리하고 성공과 오답 사례를 공유하며 더 나은 기술을 터득할 수 있게 도와주면 된다.

이 일이 저 일과 창조패턴이 같고 이 토론이 저 토론과 패턴이 같고 이 문제가 저 문제와 패턴이 같으며, 이 일과 저 토론과 저 문제

가 모두 같은 하나의 패턴임을 이해하게 된다. 그 순간 우리는 뒤통수를 강타당하는 듯한 강렬한 깨달음을 얻는다.

창조프로세스로 세상일이 모두 연결돼 있다는 거대한 통찰을 얻을 수 있기 때문이다. 그런 통찰을 얻는 순간 우리는 갑자기 세상이 쉽게 보이고 만만해 보이고 장악할 수 있게 된다. 갑자기 내가 일의 무대를, 세상의 무대를, 관계의 무대를 변화시키고 움직이고 혁신하고 창조할 수 있겠다는 자신감이 생긴다.

99%에 당도하는 길은 쉽다. 분류하고 쪼갠 개별 지식과 정보를 암기하면 된다. 지난 2000년간 인류가 걸어온 교육 패러다임이다. 그러나 분류하고 쪼개는 것으로 새로운 걸 창조하지는 못한다. 우리 스스로 창조자가 될 수 없다. 단 1%를 더 나아가 100%를 완성할 수 없다. 창조하는 감독이 되기 위해선 비록 1%지만, 거대한 발상의 전환이 필요하다.

사실 나와 너, 내 주장과 네 주장의 차이점을 찾고 분류하고 쪼갠 지식과 정보를 얻는 건 처음엔 쉽다. 반대로 다른 점과 차이와 쪼개진 정보들의 공통점을 찾는 건 처음엔 무척 어렵다. 그 어려운 길을 선택하자. 어렵지만 전혀 다른 이것과 저것의 공통점을 찾는 방향이 천장을 뚫는 길이기 때문이다. 공통의 무대를 발견하는 순간 어려웠던 일은 시간이 지날수록 점점 쉬워진다.

모두 저쪽으로 갈 때 '일 통찰'은 반대의 이쪽 길을 제시한다. 교육자가 제시할 길은 99%가 가는 쉬운 길이지만 창조할 수 없는 방향이 아니라, 1%가 가는 어려운 길이지만 창조하는 방향이며, 그 창조하는 어려운 길로 안내해 주는 내비게이션이 바로 창조프로세스임을 기억해 달라.

정의란 무엇인가? a안과 b안이 있다. 힘 있는 자가 둘 중 하나를 마음대로 결정하는 게 불의다. 그럼 토론을 거쳐 합리적이고 공정하게 판단하여 둘 중 더 나은 하나를 선택하면 정의일까? 그렇지 않다. a안과 b안이 공통으로 발 딛고 있는 무대를 발견하여 무대, a안, b안이 하나로 착상되는 순간의 a안 또는 b안, 또는 c안을 선택할 수 있다는 그 창조프로세스가 바로 정의다. 감독관점이 곧 정의다.

인간 세상은 온통 불의로 가득 차 있다. 그래도 이 우주 만물 세상만사가 망하지 않고 잘 굴러가는 건 창조프로세스라는 감독관점이 '정의'가 되어 최후의 보루로 버티고 있기 때문이다.

> **기억하세요! 창의인재 교육자의 길**
> * 99%가 가는 쉬운 길로 간다. (X)
> * 1%가 가는 어려운 길로 간다. (O)

'일 통찰'자가 된 당신, 매일 창의하라!

IQ천재, 예술천재는 될 수 없지만, '생각천재'는 누구나 될 수 있다.
"감독의 관점으로 일의 전체를 통찰하고 장악하라."

비밀은 여기에 있다. 감독관점을 얻는다는 것은 일을 평면적인 낱개의 '업무'로 보지 않겠다는 다짐에서 출발한다. 일이 '끈끈이 무대 → 두근 + 두근 연결 → 착상 → 쑥쑥 → 창조결과'라는 입체적인 창조프로세스로 연결돼 있다는 것을 이해하는 것이다.

우리는 이 전체 창조프로세스를 무대공간통찰로 재설계할 수 있고, 시간통찰로 재설계할 수 있으며, 성공패턴통찰로 재설계를 통해 일을 장악하고 예측하고 대비할 수 있다.

이 창조프로세스 안에 통찰적 사고는 자동으로 발현된다. 우리 시대에 가장 중요한 사고력인 ①문제 발견, 원인 분석력과 문제 해결 능력, ②창의적 아이디어 발상 능력, ③통합예측력, ④우선순위 설정과 창조적 소통 능력, ⑤혁신적인 관점 디자인 능력, ⑥자존감과 관계 리더십, ⑦설계 플랜 능력, ⑧창조표현 능력이 자연스럽게 작동한다.

4차 산업혁명 시대가 요구하는 일 통찰자는 바로 이 8가지 사고 능력을 동시에 그리고 단숨에 자기 것으로 만든다. 개인이든 조직

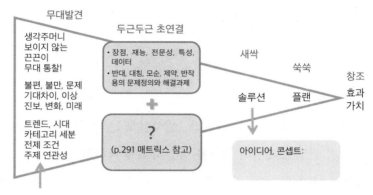

혁신 소통 문제해결 일통찰 모형 설계도

무대발견

생각주머니
보이지 않는
끈끈이
무대 통찰!

불편, 불만, 문제
기대차이, 이상
진보, 변화, 미래

트렌드, 시대
카테고리 세분
전제 조건
주제 연관성

두근두근 초연결

• 장점, 재능, 전문성, 특성, 데이터
• 반대, 대칭, 모순, 제약, 반작용의 문제정의와 해결과제

+

?
(p.291 매트릭스 참고)

새싹

쑥쑥

솔루션   플랜

아이디어, 콘셉트:

창조
효과
가치

혁신전략: 불편, 불만의 발견 / 좀 더 나은 가치 창조 / 새 트렌드(4차산업혁명) 영역
업무성과: 문제해결 및 전파 공유 / 케뮤니케이션 / 기획 / 보고서 문서 개선
리더십: 팀워크와 조직관리 / 변화 혁신 / 소통 / 코칭 / 퍼실리테이션 / 회의방법
조직활성화: 조직 유대감 / 팀 결속 / 갈등 / 관계 / 자신감 / 심리치유
후생복지: 교육 / 자기계발 / 신제품 개발 / 미래설계(조직과 개인 조화) / 제도 개선

이든, 신입사원이든 사장이든 누구나 '감독관점'을 가지면 일 통찰자가 될 수 있다.

남과 다른 1%만이 생존하는 극한적 생존경쟁 시대가 됐다. 무대 자체가 바뀌는 비즈니스 시장에서 이제는 일을 잘하는 것으로 미래를 보장받을 수 없다. 모두 감독관점을 얻어 일을 창조적으로 통찰해야 한다. 그 대안은 결국 조직에 일을 창조프로세스로 파악하는 창조적인 개인이 많아지는 것이다. 일 통찰자들이 많아야 강한 조직이 된다. 인적자원연구소 공선표 박사는 '창조적으로 일하기'에 대해 다음과 같이 말했다.

일통찰 혁신아이디어 두근+두근(?) 초연결 매트릭스

역사적 사례	발명	혁신	성공	개선	이익	편리	공익	승리
다른 분야 사례	교육	관광	정치	경제	사회	문화	역사	패션
자 연	해	달	나무	바다	하늘	무지개	비	산
도 시	지하철	택시	아파트	빌딩	백화점	공항	공원	인터넷
사 람	눈	코	손	입	귀	가슴	다리	뇌
동 물	개	고양이	치타	기린	얼룩말	원숭이	코알라	펭귄
생활용품	냉장고	에어컨	청소기	가습기	자전거	세탁기	전화기	TV
스마트기술	빅데이타	인공지능	SNS IoT	VR AR	GPS	플랫폼	3D 프린팅	게임화
학 문	인문학	물리학	수학	법칙	이론	논문	심리학	예술

※ 매트릭스 키워드 중 무작위로 하나 또는 두세 개를 선택한다. (매트릭스 키워드
　는 더 다양하게 표시할 수 있음)
※ 선택한 키워드의 특성을 정리한다.
※ 창조 프로세스 두근+두근(?) 초연결 모형에서 +두근(?) 박스에 키워드와 특성을
　조합시켜 솔루션을 찾아본다.

"생각이 무르익어 결정체가 되기 위해서는 시간이 필요하다. 뚜렷한 목표를 향한 치열한 궁리만이 문제해결에 도움이 되는 것은 아니다. 생각이야말로 단지 열심히 하는 것만으로는 안 된다. 시간을 정해놓고 '근무시간 동안에는' 다른 일을 하지 않고 열심히 해야 한다는 '열심히 일하기(working hard) 논리'가 아니라 근무하는 동안 뭔가 새로운 아이디어가 하나라도 나온다면 휴식을 취하든 상상을 하든, 관여하지 않는 '현명하게 일하기(working smart) 논리'가 필요하다."

우리에게 새로운 사고의 패러다임 전환이 필요하다는 것이다. 존 맥스웰의 『생각의 법칙』에는 기업에서 어떻게 통찰형 인재를 활용할 것인지 답을 제시해 주는 에피소드 하나가 소개돼 있다.

어느 회사의 사장이 새로 고용한 젊은 간부에게 사무실 주변을 보여주고 있었다. 함께 돌아보던 두 남자는 어느 여성이 안락한 의자에 앉아 창밖을 내다보고 있는, 모퉁이에 있는 큰 사무실을 지나게 되었다. 하지만 사무실에는 일하는 곳이라면 당연히 놓여 있어야 할 책상도, 컴퓨터도, 파일 캐비닛도, 다른 장비나 도구도 일체 없었다.

"저…… 사장님, 왜 이 사무실은 사용하고 있지 않습니까?" 새로 고용된 남자가 물었다.

"아닐세. 지금 사용하고 있다네."

"아, 네, 전 책상이라든지 그 밖의 아무것도 없어서 잠시 비워놓은 줄 알았습니다. 의자에 앉아 있는 분은 누구십니까?"

"우리 부사장 중 한 명일세. 여기가 그녀의 사무실이지."

"부사장은 회사에서 무슨 일을 하나요?"

"생각을 한다네." 사장이 미소를 지으며 말했다.

"단지 생각만 한다고요? 그렇다면 그녀는 아무것도 생산하지 않습니까? 와! 저도 그런 일을 해 보고 싶습니다."

"우리 회사는 그녀가 지난번 제출한 아이디어 덕분에 2,000만 달러를 벌었다네. 자네도 꾸준히 그런 일을 할 수 있다면 언젠가 그녀와 같은 일을 하게 될 것일세."

'일 통찰'은 감독관점에서 생긴다. 감독관점으로 세상을 볼 때 일의 전체 무대가 보이고 공간이 보이고 시간이 보이고 성공의 패턴이 보이기 때문이다.

그 통찰을 토대로 우리는 우리의 일의 무대를 재설계할 수 있고 공간을 재설계할 수 있고 시간을 재설계할 수 있고 성공패턴을 재설계할 수 있다. 일을 완벽하게 장악할 수 있는 것이다. 이제 정답을 알게 됐다. 지금부터 당신은 '일 통찰자'이다.

지은이 이동조

이동조

창의교육그룹 아이디어코리아 대표이며, 창의인재개발 연구자이자 작가, 강연자로 살고 있다. 30여 년간 언론기자 및 편집국장으로 살면서 소설가, 웹툰 스토리작가, 기획자, 기업과 정부기관의 공모전 기획자문, 기술평가위원, 아이디어 심사위원으로 활동해 왔다.

대한민국 제1호 공모전 코칭 전문가로, 20년간 각 분야 공모전 대상 수상작 수천 편을 분석한 후 다양한 생각모형과 인문학 통찰을 결합하여 누구나 단숨에 창의적 사고를 할 수 있는 '창의방정식'을 창안해, 뉴스메이커 '한국을 이끄는 혁신리더'로 선정됐다.

대한민국 최고의 '창의력 강사'로 SK플래닛, 코오롱 등 수많은 기업과 지자체, 대학에서 강연했으며, 특히 대학교수들에게 강의하는 강사로 유명하다.

저서로는 『창의방정식의 비밀』, 『꿈끼꾀끈깡꼴꾼 : 감칠맛전략』, 『생각천재연구 믹스MIX』, 『히든카드』, 『대한민국 20대 공모전에 미쳐라』, 『내 운명을 바꿀 2억짜리 공모전 전략』, 『스티브잡스의 창의성을 훔쳐라』, 『인공지능시대 창의성 비밀코드』 등이 있다.

- 이메일 : gljjang21@naver.com
- 블로그 : blog.naver.com/gljjang21

일 통찰의 법칙

초판 1쇄 인쇄 2020년 5월 13일 | 초판 1쇄 발행 2020년 5월 20일
지은이 이동조 | 펴낸이 김시열
펴낸곳 도서출판 자유문고

　　　서울시 성북구 동소문로 67-1 성심빌딩 3층

　　　전화 (02) 2637-8988 | 팩스 (02) 2676-9759
ISBN 978-89-7030-147-1 03320 　값 15,000원
http://cafe.daum.net/jayumungo